자비출판, 반항해야 성공한다

자비출판, 반항해야 성공한다

초판 1쇄 인쇄 | 2023년 06월 30일
지은이 | 이승훈
펴낸이 | 이재욱(필명:이승훈)
펴낸곳 | 해드림출판사
주 소 | 서울 영등포구 경인로82길 3-4(문래동1가 39)
　　　 센터플러스빌딩 1004호(07371)
전 화 | 02-2612-5552
팩 스 | 02-2688-5568
E-mail | jlee5059@hanmail.net

등록번호　제2013-000076
등록일자　2008년 9월 29일

ISBN　979-11-5634-542-8

자비출판,
반항해야 성공한다

이승훈

해드림출판사

펴내는 글

제발, 마인드를 바꿔라

 이 책은 편의상 자비출판이라는 말을 앞세웠지만, 사실 모든 저자에게 도움이 되는 내용입니다. 왜냐하면, 출판사의 비용을 투자하여 출간한 기획출판이라 해도, 우리나라와 같은 열악한 출판시장에서는 저자도 홍보와 마케팅을 위해 최대한 노력을 해줘야 합니다. 모든 홍보와 마케팅을 출판사에만 미뤄둔 채 저자 자신은 손을 놓고 있다면, 책 판매량이 만족할 만한 수준이 아닌 이상, 어느 출판사든 그 저자에게는 다음 기획출간 기회를 주기 어려울 것입니다. 또한, 저자의 안일한 자세는 어려운 상황에서도 자신의 책을 기획출간 해준 출판사에 대한 예의도 아닙니다. 출판사는 영리를 목적으로 하는 회사이고, 회사의 리스크를 부담하면서 무리한 출간을 안 할 것입니다. 따라서 어떤 방식의 출간이든 저자의 안일한 마인드는 바꾸어야 합니다.

마인드는 우리가 세상을 바라보는 시각과 태도를 결정짓는 핵심적인 요소입니다. 그리고 마인드가 성공과 실패를 좌우하는 것은 누구에게나 잘 알려진 사실입니다. 성공적인 사람들은 문제에 부딪혔을 때 긍정적인 마인드를 유지하며 해결책을 찾는 반면, 실패한 사람들은 부정적인 마인드로 자신을 돌아보지 않고 도전을 포기하곤 합니다.

마인드를 바꾸는 것은 단순한 작업이 아닙니다. 마인드를 변화시키는 데에는 몇 가지 핵심적인 단계가 있습니다. 첫째로, 우리는 현재의 마인드셋과 태도를 분석하고 자신의 강점과 약점을 인식해야 합니다. 이러한 자기인식은 성공에 도달하기 위한 기반이 됩니다. 둘째로, 부정적인 사고 패턴을 극복하고 긍정적인 사고로 전환하는 것이 중요합니다. 문제를 해결하기 위해 자신의 능력을 믿고 도전하는 용기를 가져야 합니다.

마인드를 바꾸는 과정에서 자기개발이 큰 역할을 합니다. 독서 등을 통해 새로운 아이디어와 지식을 습득하고 자신의 역량을 향상할 수 있습니다. 또한, 전문가들과 교류하고 멘토의 조언을 받는 것도 중요합니다.

　마인드를 바꾸기 위해서는 실천이 필요합니다. 변화를 원한다면 행동을 취해야 합니다. 계획을 세우고 실행에 옮기며, 실패를 두려워하지 않고 배우는 자세를 가져야 합니다. 실패는 성공으로 가는 길에서 필수적인 요소이며, 실패로부터의 교훈을 얻어 다음번에는 더 나은 결과를 얻게 됩니다.

　자비출판, 마인드를 바꾸면 성공한다는 것은 결국 성공을 향한 지속적인 노력을 요구하는 것입니다. 마인드를 바꾸는 것은 쉬운 일이 아니지만, 마음가짐을 조정하고 긍정적인 사고로 변화시킨다면 놀라운 성과를 이뤄낼 수 있습니다. 마인드셋이 성공과 실패를 좌우한다는 사실을 알고, 지속적인 자기개발과 행동을 통해 더 나은 미래를 만들어나가는 것이 출판의 목표입니다.

마인드셋을 바꾸면 세상을 다른 시각으로 바라보게 되고, 문제에 대한 해결책을 찾는 창의적인 사고력을 갖추게 됩니다. 또한, 자신의 잠재력을 최대한 발휘하고 성공적인 삶을 살아갈 수 있습니다. 자비출판, 마인드를 바꾸면 성공한다는 메시지는 우리에게 끊임없는 도전과 성장을 요구하지만, 그 결과로 우리는 나은 미래를 향해 나아간다는 것입니다.

 이 책에서는 우선 출판의 가치를 정리하였습니다. 16년 동안 출판사를 운영하면서 수많은 저자를 만났습니다. 하지만 진정한 출판의 가치를 인식한 저자들은 드물었습니다. 출판의 가치는 책 판매량이나 출판 방식과는 무관한 상위 개념입니다. 출판의 가치를 제대로 알 때 성공으로 가는 마음이 열립니다.
 다음으로는 자비출판의 장점을 정리하였습니다. 일부 저자는 자비출판을 평가절하하기도 하지만 결코 그것은 아닙니다.

이 책에서 가장 중점을 둔 부분은 자비출판 저자의 마케팅과 홍보 방법을 실었습니다. 의외로 저자들은 자신의 책 홍보와 마케팅을 소홀히 합니다. 성공한 저자로 거듭나려면 이제 마인드를 바꾸어야 합니다. 책이 출간되면 출판사도 최선을 다해 홍보와 마케팅을 하지만 저자도 손 놓고 있어서는 안 됩니다.
 이 책 마지막에는 필자의 출판 철학을 밝혔습니다. 아마 독자에게 꿈과 희망을 솟구치게 할 것입니다.

 이 책에는 중복되는 내용이 나오기도 합니다. 중복 서술은 강조의 의미이자, 그만큼 중요하다는 뜻입니다. 또한, 이 책에는 홍보와 마케팅의 다양한 방법이 실려 있습니다. 이 가운데 자신의 취향과 환경과 맞는 방법을 활용하면 됩니다.
 이 책을 읽어보면 알겠지만, 단순히 '자비출판'에만 한정하는 내용이 아닙니다. 우리 삶 전반을 긍정적으로 아우르는 내용이기도 합니다. 이 책에서 제공하는 마인드셋은, 성공을 향한 동기와 희망을 부여할 뿐만 아니라, 일상적인 상황에서도 긍정적인 태도를 유지하고 어려움을 극복할 힘이 될 것입니다.

2018년 〈자비출판〉이라는 책을 출간한 바 있습니다. 하지만 시간이 지날수록 여러 변화가 생기고 살펴볼수록 아쉬움이 남아 전혀 새롭게 꾸미게 되었습니다.

모쪼록 이 책이 독자에게 우꾼한 힘이 되기를 원합니다.

2023년 6월

이승훈

차례

펴내는 글 – 제발, 마인드를 바꿔라   4

1부 / 출간의 가치

출판의 내재적 가치	18
저자의 인지도와 명성 향상	22
꿈을 현실로 만들기 위한 첫걸음	26
출간은 자신의 업적과 자부심	29
자신의 목소리를 드러내고 플랫폼을 확장시키는 도구	33
아이덴티티와 정체성 탐색	36
출간은 자신을 위한 마일스톤	39
책 판매는 출간의 목적이 아니다	43
출판 방식과 출간의 가치는 무관하다	47
출간의 가치와 판매량은 무관하다	51
책은 영구적인 자산	55
출간은 위대한 꿈을 향한 도전이다	58
자신의 책 한 권이 다른 사람의 인생을 바꿀 수 있다	62

2부 / 자비출판의 빛나는 장점

자신의 책은 인생의 최고 프로필이다	69
자비출판과 기획출간의 본질적 차이	77
자비출판에서 저자로 성공하고 싶으면	
경영 마인드를 가져라	83
저자는 자신의 책에 대한 CEO	88
책이 잘 팔리면 엄청난 수익	92
더욱 높은 인세와 출판 매니저	97
저자의 독립성	101
출간의 주도권	105
강력한 저작권 보호	109
창작자의 자유	114
출판 시간 단축	117
저자가 부담하는 제작비용은 투자의 개념	120
개인의 소셜 미디어와 온라인 커뮤니티 시대,	
절대 자비출판은 안 한다?	124
자비출판에서 저자와 출판사의	
윈윈(win-win)하는 전략	130

3부 / 저자가 성공하기 위한 프로젝트

반항하며 마인드를 바꿔라	137
책을 홍보하는 저자의 자세와 각오	141
홍보와 마케팅에는 끈기와 인내심이 필요하다	145
글만 잘 써서는 안 되는 시대	149
저자 계모임 만들기	154
배워서 남 주나	159
책 제목의 중심 키워드를 활용하여 연상기법으로 홍보하기	164
검색 엔진 최적화(SEO)	168
책 제목과 포털 검색 키워드	173
전파 가능성이 높은 책 제목	176
사람들에게 관심 있는 키워드 포스팅을 통한 간접광고	179
출판사 홍보에만 의존하지 마라	183
두드려라 열릴 것이다	187
입소문 퍼트리기	192
헌신적인 팬으로 구성된 거리팀 구성	197
흥미롭고 공유 가능한 콘텐츠 제작	201

책 홍보 글 무한대로 써주는 챗GPT	206
자존심을 버려라	212
기존 연락처, 친구와 가족 네트워크 활용	216
책의 외모에 지나치게 집착하지 말자	221
책 제작 과정이 늘어지면 저자도 출판사도 기운을 빼앗긴다	225
목표를 설정하고 책의 제작 및 출시 일정 수립	230
전문 웹 사이트 및 소셜 미디어 채널을 통해 강력한 온라인 입지를 구축	233
책 홍보와 스토리텔링	236
연상기법 활용하기	242
강력한 지자 프로필 및 잭 설녕	250
온라인 광고 및 프로모션 활동	255
황무지에다 매일 도토리를 심다	261
나비효과(Butterfly Effect)	267
휴일에도 저 혼자 홍보하는 봇트윗	271
해드림출판사 홍보실	276

4부 / 출판사 대표를 알면 내 책이 보인다

온라인 플랫폼 시대의 작은 출판사의 잠재력   284

발견의 기쁨 작은 출판사   289

출판사 대표를 알면 출판사가 보입니다   292

출판사 대표를 알면 내 책이 보입니다   296

저자의 꿈이 현실로 다가온다   300

책 출간의 욕구와 출판사의 미친 매력   303

책 출간의 욕구와 출판사의 마법   306

끝없는 상상력이 펼쳐진다   313

출간의 욕망,

내 책이 사람들에게 소중한 선물이 되는 순간   316

비상하는 새처럼 날아갈 수 있어요   319

문학적 꿈의 문을 여는 열쇠   322

창조의 기쁨과 북 메이킹의 예술   325

아침 햇살을 담은 세상의 꿈   328

해꿈의 빛   331

해꿈, 해들임, 장인정신   334

1부

출간의 가치

출판의 내재적 가치

출판은 오랫동안 인류의 지식과 문화를 전파하는 핵심적인 매개체로 여겨져 왔습니다. 하지만 현대 사회에서는 상업적인 이윤 추구가 출판의 주요 목적으로 부각되고 있습니다. 우리는 질과 가치보다는 매출과 이익에 초점을 맞춘 출판문화를 목격하고 있는 것입니다.

출판의 내재적 가치를 이해하기 위해서는 출판의 핵심적인 목적을 살펴봐야 합니다. 출판은 지식과 아이디어를 공유하고 확산시키는 역할을 합니다. 우리는 도서를 통해 새로운 지식을 습득하고, 사회 문제에 대해 생각하며, 다른 사람들과의 경험을 나눌 수 있습니다. 또한, 도서는 문화적인 유산을 보존하고 전 세대에게 전달하는 매체입니다. 따라서 출판은 우리의 인간성과 지식의 번영을 촉진하는 데 큰 역할을 합니다.

하지만 현대 출판 산업은 이러한 내재적 가치보다는 상업적 이익을 우선시하는 경향이 있습니다. 출판사들은 도서의 판매량과 수익성에 집중하여 특정 장르나 유명인의 도서에 주목하고, 상업적인 성공을 위해 도전적인 저자들의 저작물을 배제하기도 합니다. 이로 인해 다양성과 혁신이 억압되며, 독자들은 표준화된 내용과 많은 마케팅에 둘러싸인 도서들에만 노출되는 경향이 있습니다. 이러한 출판문화는 문학의 진보와 사회적인 다양성을 억압하며, 독자들에게 제한된 시각을 부여합니다.

따라서 우리는 출판의 내재적 가치를 되새겨야 합니다. 출판은 독립적인 사고와 창의성을 고취시키는 공간이어야 합니다. 다양한 장르와 표현 방식의 저작물들이 출판되어야 하며, 저자들은 자유로운 아이디어를 탐구하는 환경을 가져야 합니다. 출판은 사회적인 문제를 대화와 이해를 촉진하며, 독자들에게 폭넓은 시각을 제공해야 합니다. 이를 위해서는 출판사들이 독자들의 다양한 요구와 욕구를 수용하고, 문화적인 다양성을 존중하는 출판문화를 만들어야 합니다.

출판은 상업적인 이익보다도 지식과 문화를 보존하고 전파하는 데 초점을 맞추어야 합니다. 우리는 도서를 통해 과거의 지식과 아이디어를 탐구하고, 현재의 문제에 대한 통찰을 얻을 수 있습니다. 도서는 우리의 역사와 문화를 기록하는 매체로서 역할을 합니다. 따라서 출판은 과거와 현재, 그리고 미래를 이어주는 다리로서의 역할을 수행해야 합니다.

우리는 출판의 내재적 가치를 재인식해야 합니다. 상업적인 이익을 추구하는 것은 중요하지만, 출판의 핵심 가치는 지식과 문화의 전달에 있습니다. 출판은 우리의 지적인 성장과 사회적인 진보를 위한 도구로써 사용되어야 합니다. 출판사들은 다양성과 혁신을 존중하며, 독자들에게 다양한 시각을 부여하는 출판문화를 구축해야 합니다.

우리는 또한 출판의 사회적 책임과 역할을 고려해야 합니다. 출판은 사회적인 변화와 문제에 대한 대담하고 공론화된 토론의 장을 제시해야 합니다. 예술, 문화, 정치, 사회 등 다양한 주제에 대한 출판은 사회적인 의식과 인식을 형성하는 데 영향력을 행사합니다. 따라서 출판사들은 더욱 광범위한 의견의 다양성을 존중하고, 갈등과 대화의 장을 조성해야 합니다.

또한, 출판은 지역적인 문화와 아이덴티티의 보존과 발전에도 중요한 역할을 합니다. 지역의 저자들과 출판사들은 독특한 문화적인 특성과 역사를 반영하는 저작물들을 출판함으로써 지역 사회의 아이덴티티를 강화하고 사회적 융합을 촉진할 수 있습니다. 지역적인 출판은 다양한 지식과 경험을 공유하며, 지역 사회의 자부심과 유대감을 형성하는 데에도 도움이 됩니다.

디지털 기술의 발전과 함께 출판은 다양한 형태와 형식으로 진화하고 있습니다. 전자책, 오디오북, 인터랙티브 콘텐츠 등의 형태로 출판물이 나오면서 독자들은 다양한 매체를 통해 독서 경험을 즐길 수 있게 되었습니다. 출판사들은 이러한 다양한 형식과 매체를 적극적으로 활용하고, 기존의 형태에 얽매이지 않는 새로운 실험과 혁신을 시도해야 합니다. 이는 독자들의 독서 환경과 요구사항을 고려하여 독서 문화를 발전시키는 데 도움이 될 것입니다.

마지막으로, 출판의 내재적 가치를 검토할 때는 저작권과 저작자의 보호도 중요한 측면입니다. 출판물은 저작자의 노력과 창작물로써 존중되어야 합니다. 따라서 출판사들은 공정한 계약 조건과 저작권 보호를 위한 노력을 해야 합니다. 이를 통해 저자들은 창작에 집중하는 환경을 얻고, 더욱 풍요로운 문화적인 창작활동이 이뤄질 수 있을 것입니다.

저자의 인지도와 명성 향상

　출간은 저자의 인지도와 명성을 향상하는 역할을 합니다. 저자들에게 있어서 출판은 저작물을 세상에 알리고 독자와의 연결고리를 형성하는 중요한 단계입니다. 저작물을 출간하면, 저자는 그의 아이디어와 이야기를 세상으로 전파할 기회를 얻게 됩니다. 출간된 책은 독자들에게 저자의 역량과 창의성을 보여주는 대표적인 수단이며, 이는 저자의 인지도와 명성을 향상하는 역할을 합니다.

　저자의 인지도와 명성은 출간을 통해 계속 증가할 수 있습니다. 출간된 책은 독자들에게 저자의 역량과 예술적인 재능을 증명하는 기회를 줍니다. 독자들은 저자의 책을 통해 저자의 세계관과 철학을 경험하고, 그들의 이야기에 공감하며 동시에 인간적인 측면에서 공감합니다. 이는 저자와 독자 간의 강력한 연결고리를 형성하고, 독자들이 저자를 자신의 삶에서 중요한 존재로 인식하게 합니다.

또한, 출간은 저자의 인지도를 넓히는 데 도움을 줍니다. 출판된 책은 리뷰어, 비평가, 기자 등의 관심을 끌게 되고, 이들의 평가와 기사를 통해 저자의 저작물과 이름이 대중에게 알려지게 됩니다. 독자들은 이러한 평가와 기사를 통해 저자의 신뢰성과 예술적인 가치를 판단하게 되며, 이는 저자의 명성을 향상시키는데 큰 역할을 합니다. 저자가 출간한 책이 큰 관심을 받고 호평을 받으면, 그 저자는 출판계의 주목을 받게 되고, 출간된 저작물은 더 많은 독자에게 알려지게 되어 저자의 인지도를 상승시키는 효과를 가져옵니다.

출간된 책은 저자의 지속적인 창작활동과 연결되는 플랫폼이 됩니다. 출간을 통해 저자는 자신의 저작물을 홍보하고 판매할 수 있는 기반을 마련하게 됩니다. 출간된 책은 독자들에게 저자의 다른 저작물을 찾아보게 하고, 이는 저자의 창작활동에 대한 지속적인 관심과 지원을 유도합니다. 출간은 저자의 창작과 예술적인 성장을 지원하며, 저자가 더 나은 저작물을 만들어내고 독자와의 연결을 튼튼히 하는 기반이 됩니다.

출간은 저자의 인지도와 명성을 향상시키는 강력한 도구

입니다. 저자는 출간을 통해 저작물을 널리 알릴 수 있고, 독자들과의 강력한 연결고리를 형성하게 됩니다. 출간된 책은 저자의 역량과 예술적인 재능을 입증하는 대표적인 증거이며, 저자의 인지도와 명성을 증진시키는 중요한 요소입니다. 더 나아가, 출간은 저자의 창작활동과 연결된 플랫폼으로 저자의 예술적인 성장과 지속적인 창작을 지원합니다. 따라서, 출간은 저자에게 매우 중요하며, 저자의 인지도와 명성을 향상시키는 필수적인 과정입니다.

출간은 저자에게 경제적인 이익을 제공할 수도 있습니다. 출판된 책의 판매로부터 저자는 로열티와 판매 수익을 냅니다. 저자의 저작물이 인기를 끌어 많은 독자에게 판매되면, 저자는 저자로서의 수입을 올릴 수 있고 금전적인 보상을 받습니다. 이는 저자에게 창작에 전념할 수 있는 경제적인 안정성을 제공하며, 저자로서의 진로와 경력을 지속시킬 수 있는 중요한 요소입니다.

또한, 출간된 저작물은 저자에게 더 많은 기회를 열어줍니다. 예컨대 문학장르에서 출판된 책은 저자에게 소위 '문학적 신분증'으로 작용합니다. 저자는 출간된 저작물을 기반으로 문학상 수상, 문학 이벤트 초청, 강연 요청 등 다양한 기회를 얻을 수 있습니다. 출간은 저자가 문학계에서 인정받고 성장할 수 있는 기반이 되며, 저자의 예술적인 비전을 더 넓은 관중에게 전달할 기회를 줍니다.

출간은 저자의 사회적 영향력을 키울 수 있는 도구이기도 합니다. 출판된 책은 사회적인 문제나 이슈에 대한 저자의 의견과 인식을 반영합니다. 저자는 자신의 저작물을 통해 사회적인 메시지를 전달하고 사회 변화를 끌어낼 수 있는 영향력을 가지게 됩니다. 출간된 저작물이 사회적인 논의의 중심이 되면, 저자는 사회적인 영향력을 행사하며, 자신의 목소리를 통해 사회적인 변화를 촉진할 수 있습니다.

출간은 저자의 인지도와 명성을 향상시키는 데 있어서 핵심적인 역할을 합니다. 저자는 출간을 통해 저작물을 전 세계로 알릴 수 있고, 독자와의 연결고리를 형성할 수 있습니다. 출간된 책은 저자의 역량과 예술적인 가치를 입증하는 대표적인 증거로 작용하며, 저자의 인지도와 명성을 높이는 동시에 경제적인 이익과 더 많은 기회를 줍니다. 또한, 출간은 저자의 사회적 영향력을 키우고 사회적인 변화를 끌어내는 역할을 합니다. 따라서, 출간은 저자에게 있어서 필수적이고 가치 있는 과정입니다.

꿈을 현실로 만들기 위한 첫걸음

　책 출간은 자신의 목표와 꿈을 현실로 만들기 위한 첫걸음입니다. 책을 출간한다는 것은 단순히 글을 종이 위에 담는 것 이상의 의미를 지닙니다. 그것은 우리의 내면을 드러내고, 아이디어와 이야기를 세상과 공유하는 행위입니다. 책은 우리의 생각과 감정을 표현하는 도구로서 우리 자신을 발견하고, 자아를 탐구하는 일종의 여정입니다.

　많은 사람은 책을 출간하여 자신의 이야기를 전파하고, 독자들과 연결하고자 합니다. 그들은 자신의 경험과 지식을 나누며, 사회적 문제에 대한 인식을 높이고, 독자들에게 영감을 주고자 합니다. 책은 우리가 살아온 세상을 조망하고, 인간의 복잡성과 아름다움을 탐구하는 창문입니다. 그 속에는 현실과 상상의 경계가 흐려지며, 독자들은 우리의 이야기에 공감하고 공유함으로써 새로운 관점을 얻습니다.

하지만 책 출간은 쉬운 일이 아닙니다. 글을 쓰는 것은 고독하고 힘든 작업입니다. 종종 우리는 자아실현과 현실적인 제약 사이에서 괴로움을 느낍니다. 그러나 우리가 힘들게 써낸 글들은 우리 자신을 넘어 독자들에게까지 전달됩니다. 그리고 그 전달은 우리의 목표와 꿈을 현실로 만들어 줄 힘을 지니고 있습니다.

책 출간은 우리에게 자신의 가치를 인정받을 기회를 줍니다. 책을 통해 우리는 전문성과 지식을 입증하고, 세상에 우리가 하는 일에 대한 자부심을 느낄 수 있습니다. 또한, 출간을 통해 우리는 자아실현을 달성하고, 내면의 목소리를 자유롭게 표현할 수 있습니다. 책은 우리의 이야기를 기록해두고, 우리가 이 세상에 남길 유산이 됩니다.

책 출간은 우리에게 많은 도전과 기회를 줍니다. 하지만 그것은 우리가 이루어야 할 첫걸음입니다. 우리의 목표와 꿈을 현실로 만들기 위해서는 적극적으로 글을 쓰고, 이야기를 완성하고, 출판의 길을 가야 합니다. 그리고 우리는 그 과정에서 자신을 발견하고 성장해 나갈 것입니다.

우리는 우리 안에 담겨있는 이야기를 발굴하고, 그것을 글로 표현하여 세상과 공유함으로써 더 큰 성취를 이룰 수 있습니다. 그리고 그 과정에서 우리는 자아실현과 독자들과의 연결, 인지적인 성장을 경험하게 됩니다. 우리의 목표와 꿈을 책 출간을 통해 현실로 만드는 여정은 힘들기도 하지만, 그 과정에서 우리는 우리 자신과 세상을 발견하고, 우리의 아이디어와 이야기가 더 큰 의미를 지니게 되는 것입니다. 그러므로, 우리는 용기를 내어 첫걸음을 내디디고, 책 출간을 통해 우리의 목표와 꿈을 현실로 이뤄나가는 것이 필요합니다. 그리고 그것이 우리에게 무한한 가능성을 열어줄 것입니다.

출간은 자신의 업적과 자부심

책 출간은 자신을 위한 업적과 자부심을 얻을 수 있는 경험입니다. 책을 출간하는 것은 저자로서의 꿈을 이루고, 그것을 세상과 공유하는 특별한 순간입니다. 출판된 책은 우리의 생각과 이야기를 기록으로 남길 뿐만 아니라, 독자들과 소통의 창구가 되어줍니다. 더 나아가 책 출간은 저자의 자부심을 향상하며, 긍정적인 영감과 자신감을 불어넣습니다.

저자로서 책을 출간하는 것은 큰 도전입니다. 글을 쓰는 것은 어렵고 시간과 노력이 많이 드는 작업입니다. 하지만 그 결과물로 나오는 책은 저자의 업적으로 자리 잡게 됩니다. 책은 저자의 아이디어, 창의성, 지식, 경험 등을 담고 있는 보물상자입니다. 출판된 책을 보면 저자는 이러한 어려움을 극복하고 자신의 역량을 증명한 것입니다. 저자는 자기의 생각과 이야기를 책으로 구체화함으로써 영구적인 기록을 남기고 세상에 알리게 됩니다.

　또한, 책 출간은 저자에게 자부심을 안겨줍니다. 책을 출간하면 저자는 자신의 저작물이 독자들에게 전달되고 읽힌다는 사실에 큰 자랑스러움을 느낄 것입니다. 저자는 자신의 창작물이 남들에게 도움을 주거나 영감을 주는 일에 기여하고 있다고 느낄 수 있습니다. 이는 저자의 자아를 향상시키고 긍정적인 자신감을 지니게 합니다. 저자는 자신의 책을 들고 있는 순간에 그 자부심을 느끼며, 이를 통해 더 큰 꿈과 목표를 향해 나아갈 동기를 얻습니다.

　책 출간은 또한, 저자와 독자들 간 소통의 창구가 됩니다. 저자는 자신의 이야기를 책으로 표현함으로써 독자들과 직접적인 연결고리를 형성합니다. 독자들은 저자의 책을 통해 저자의 생각과 감정을 공유하며, 그들과의 대화를 나눌 수 있습니다. 책은 독자와 저자 간 대화의 장으로서 작용하면서, 서로의 관점과 경험을 교환하고 함께 성장하는 기회를 줍니다. 저자는 독자들의 피드백과 반응을 통해 자신의 저작물을 발전시킬 수 있고, 이는 더 나은 저자로 성장하기 위한 중요한 요소입니다.

책 출간은 자신을 위한 업적과 자부심을 얻을 수 있는 경험입니다. 저자는 자신의 아이디어와 이야기를 책으로 만들어 세상에 보여주는 과정에서 많은 어려움을 극복하고 성취감을 느낍니다. 출판된 책은 저자의 업적으로 남게 되며, 저자에게 큰 자부심을 안겨줍니다. 또한, 책은 저자와 독자들 간 소통의 창구로 작용하여 서로의 관점을 나누고 성장할 기회를 줍니다. 따라서 책 출간은 저자에게 있어서 높은 가치를 가진 경험이며, 계속해서 자신의 저작물을 세상과 공유해 나갈 수 있는 동기를 부여합니다.

책 출간은 우리 자신에게 영원한 기념비가 됩니다. 우리는 책을 통해 우리의 삶을 표현하고, 세상에 그 자취를 남기는 것입니다. 우리의 아이디어와 열정이 담긴 책은 우리 자신에 대한 공명심을 불러일으키며, 성취감과 자부심을 느끼게 합니다. 책 출간은 우리의 내면에서 비롯한 역사의 한 페이지를 미래로 전달하는 행위입니다. 이는 우리의 영원한 유산이 될 것이며, 후세에 남을 자리매김을 할 것입니다.

책 출간은 자신의 영원한 역사입니다. 그것은 우리가 사는 이 세상에 남길 수 있는 가장 강력하고 영원한 표현의 수단입니다. 우리는 책을 통해 우리 자신과 다른 사람들과의 연결고리를 만들고, 우리의 아이디어와 이야기를 전파함으로써 세상을 변화시킬 수 있습니다. 책 출간은 우리의 영혼을 반영하는 자기계발의 과정이며, 우리의 지식과 지혜를 후세에 전달하는 방법입니다. 그리고 가장 중요한 것은, 책 출간은 우리의 존재를 영원히 남기는 수단이 되어 우리의 영원한 유산으로 남을 것입니다. 따라서, 우리는 책 출간의 중요성을 알고, 우리의 아이디어와 이야기를 담은 책을 세상에 선보이는 용기를 가져야 합니다.

자신의 목소리를 드러내고
플랫폼을 확장시키는 도구

출간된 책은 자신의 목소리를 세상에 드러내고 플랫폼을 넓히는 도구입니다. 책은 저자의 내면을 표현하고 사상을 전달하는 힘을 지니고 있습니다. 우리는 글쓰기와 읽기를 통해 이러한 힘을 경험하며, 독서를 통해 다른 사람의 이야기를 이해하고 공감합니다. 따라서 출간된 책은 우리의 세상을 넓히는 효과적인 수단이 될 수 있습니다.

책은 저자의 목소리를 드러내는 창구입니다. 저자는 자신의 경험, 생각, 감정을 자유롭게 표현할 수 있습니다. 이러한 자유로움은 저자에게 표현의 자기주장을 갖게 하고, 독자들에게는 새로운 시각과 인사이트를 부여합니다. 저자의 목소리는 독자에게 강력한 메시지를 전달하며, 그들의 인식을 바꿀 수도 있습니다. 책을 통해 저자는 자기 삶의 이야기를 전해, 독자들과 공감과 우정을 나눌 수 있는 연결고리를 형성합니다.

책은 저자를 널리 알리고 인정받을 수 있는 도구로서 작용합니다. 출판사를 통해 책을 발간하고 서점에 진열되면, 저자의 이름과 저작물은 더 많은 사람에게 알려지게 됩니다. 이는 저자의 영향력을 확대하고, 새로운 기회와 연결을 가져옵니다. 더 나아가, 출간된 책은 저자에게 화제성과 명성을 안겨주어 다른 매체에서도 그들의 목소리를 들려줄 기회를 줍니다. 예를 들어, 책이 영화나 드라마로 채용되거나, 저자가 인터뷰를 받거나 강연하게 될 수 있습니다.

하지만, 출간된 책은 단순히 저자의 목소리를 드러내고 플랫폼을 넓히는 것 이상의 의미를 지닙니다. 책은 지식과 아이디어를 전달하고 문화를 형성하는 매체입니다. 책은 우리의 지성적 성장을 촉진하고 사회적인 변화를 이끌어낼 수 있는 도구입니다. 우리는 책을 통해 새로운 지식을 습득하고, 다른 문화와 사상을 이해하며, 사회적 문제에 대해 생각하고 대화할 수 있습니다. 출간된 책은 독자들에게 깊이 있는 생각과 감정을 공유함으로써 사회적인 인식과 역량을 확장합니다.

출간된 책은 저자와 독자, 그리고 사회와의 연결을 형성하는 도구입니다. 책을 통해 저자는 자신의 이야기를 전파하며 독자는 책을 통해 다양한 경험과 아이디어를 접하고, 새로운 관점을 통해 자신의 세계를 확장할 수 있습니다. 더 나아가, 책은 우리 사회의 대화와 문화를 발전시키는 중요한 요소입니다. 출간된 책은 우리의 지식과 인식을 바꾸는데 영향력을 행사하고, 사회적인 변화와 발전을 도모할 힘을 지니고 있습니다.

그러므로 출간된 책은 플랫폼을 넓히는 도구로서, 저자와 독자, 사회와의 상호작용을 촉진하며, 우리의 세계를 더욱 다양하고 풍요롭게 만들어줍니다. 책을 통해 우리는 새로운 아이디어와 경험을 만나고, 문화와 지식을 공유하며, 더욱 폭넓은 시야를 갖추게 됩니다. 그러므로 우리는 출간된 책에 대한 가치와 중요성을 올바르게 인식하고, 책을 통해 우리 자신과 세계와의 연결을 튼튼히 하는 것이 필요합니다. 책은 우리의 목소리를 세상에 드러내고, 우리의 이야기를 펼치며, 우리의 삶을 더욱 풍요롭게 해주는 도구입니다.

아이덴티티와 정체성 탐색

책 출간은 저자가 자신의 저작물을 공개하고 독자들에게 제공하는 과정입니다. 일반적으로 출판사를 통해 책을 출간하며, 출판사는 저자와 계약을 체결하여 책의 편집, 디자인, 인쇄, 배포 등을 담당합니다. 출간된 책은 서점이나 온라인 서점 등에서 구매할 수 있게 됩니다.

아이덴티는 저자나 예술가 등이 자신을 대중에게 소개하고 인식시키기 위해 구축하는 이미지나 개성을 말합니다. 저자의 아이덴티는 그들의 저작물과 철학, 스타일 등을 반영하며, 독자들에게 저자의 고유한 특징과 메시지를 전달합니다. 아이덴티는 저자의 성격, 문체, 주제 선택, 시각 디자인, 웹사이트 등을 포함한 다양한 측면에서 형성됩니다.

책 출간은 자신의 아이덴티티와 정체성을 탐색하고 발전

시킵니다. 책은 우리가 내면에 품고 있는 생각과 감정을 형상화하고 전달하는 강력한 도구입니다. 책을 쓰면서 우리는 자아를 탐색하고, 스스로 이해하고, 그 결과로 더 나은 사람이 되기 위한 여정을 시작합니다.

책 출간은 저자로서의 아이덴티티를 찾아가는 과정입니다. 글을 쓰는 과정에서 우리는 자연스럽게 우리 자신과의 대화를 통해 내면의 목소리를 발견합니다. 이러한 아이덴티티의 탐색은 우리가 무엇을 중요하게 생각하고, 어떤 가치를 지니며, 어떤 이야기를 전달하고 싶은지를 깨닫게 해줍니다. 이는 우리의 정체성을 찾아가는 여정의 출발점이 되며, 우리가 어떤 저자의 역할을 맡을지를 결정하는 중요한 단계입니다.

책 출간은 또한 우리의 정체성을 발전시키는 과정입니다. 책을 쓰면서 우리는 자기의 생각과 경험을 탐구하고, 그것들을 조직화하고 정제하는 기회를 지니게 됩니다. 우리는 다양한 주제를 연구하고 깊이 있는 통찰력을 발전시키며, 이를 통해 자신의 인간성과 지적인 측면을 넓힐 수 있습니다. 또한, 책을 쓰는 과정에서 우리는 자기계발과 성장을 위한 도구를 발견하게 되는데, 이는 우리의 정체성을 더욱더 깊게 이해하고, 더 나은 인간으로서의 자리를 확립하는 데 도움을 줍니다.

  책 출간은 더 나아가서 우리의 아이덴티티를 공유하고, 다른 사람들과 연결되는 과정입니다. 책은 우리의 이야기와 관점을 다른 사람들과 공유하는 매개체이기도 합니다. 우리가 책을 통해 우리 자신의 지식과 경험을 전달하고 다른 사람들과 공유함으로써, 우리는 다른 사람들과의 이해와 공감을 끌어내는데 기여합니다. 이는 우리의 아이덴티티가 다른 사람들과의 상호작용과 소통을 통해 더욱 풍부해지고 발전할 기회를 줍니다.

  책 출간은 결국 우리의 아이덴티티와 정체성을 탐색하고 발전시키는 끊임없는 과정입니다. 책을 쓰는 과정에서 우리는 우리 자신을 더 깊이 이해하고, 더 나은 사람이 되기 위한 도전에 부딪히게 됩니다. 이는 우리의 삶에 큰 영감과 변화를 가져다주며, 우리가 세상과 더 의미 있는 연결을 형성하게 합니다. 책 출간은 우리의 아이덴티티와 정체성을 탐색하고 발전시키는 힘찬 여정의 시작이자 결실을 얻는 순간입니다.

출간은 자신을 위한 마일스톤

출간된 책은 자신을 위한 유익한 마일스톤이 됩니다. 책은 우리가 경험한 것을 담고, 지식을 공유하며, 아이디어를 전달하는 힘찬 도구입니다. 출판은 저자에게 꿈을 실현하고, 독자에게는 새로운 세계를 열어줍니다. 그러나 책이 자신을 위한 유익한 마일스톤이 되기 위해서는 출판 이후에도 지속적인 영향을 미치고, 독자들에게 가치를 전달해야 합니다.

책이 출간되면 저자는 자신의 아이디어와 열정을 세상과 공유합니다. 이것은 매우 강력하고 용기 있는 행동입니다. 저자는 글을 통해 독자들과 소통하고, 자신의 경험과 지식을 전달합니다. 이러한 과정은 저자의 성장과 개발을 촉진시키는 유익한 기회가 됩니다. 저자는 자신의 아이디어를 형태로 만들고, 피드백을 받으며 성장할 수 있습니다.

한편, 독자들에게도 출간된 책은 큰 가치를 전달합니다. 독자는 책을 통해 새로운 지식을 습득하고, 다른 사람의 경험을 공유받습니다. 책은 우리의 시야를 넓혀주고, 새로운 아이디어와 관점을 제시합니다. 독자들은 저자의 생각과 감정에 공감하며, 자신의 삶에 적용하는 인사이트를 얻을 수 있습니다. 또한, 책은 독자들의 상상력과 창의력을 자극하며, 새로운 아이디어와 관점을 형성하는 데 도움을 줍니다.

하지만 출판 후에도 책은 자신을 위한 유익한 마일스톤으로 남아야 합니다. 책은 오래된 것이 아닌, 계속해서 독자들에게 가치를 전달해야 합니다. 저자는 출판 이후에도 홍보와 마케팅을 통해 독자들에게 책을 알리고, 관심을 유지해야 합니다. 또한, 저자는 독자들과의 상호작용을 통해 피드백을 받고, 책을 발전시킬 기회를 찾아야 합니다.

또한, 출간된 책은 계속해서 새로운 독자들에게 도달해야 합니다. 책의 홍보와 마케팅은 계속되어야 하며, 새로운 독자들에게 책의 가치를 전달해야 합니다. 이를 위해 온라인 커뮤니티, 소셜 미디어, 독서 행사 등 다양한 방법을 활용할 수 있습니다. 새로운 독자들에게 책을 소개하고, 그들의 관심과 지지를 얻는 것은 출판된 책을 자신을 위한 유익한 마일스톤으로 만드는 중요한 단계입니다.

출간된 책은 저자에게도 다른 유익한 기회를 줍니다. 책은 저자의 전문성과 신뢰도를 증명하는 중요한 도구가 됩니다. 출판된 책은 저자에게 더 큰 기회를 열어줄 수 있으며, 강연 요청, 전문가로의 초대, 미디어 등에서의 인터뷰 기회 등을 가져올 수 있습니다. 이는 저자의 인지도와 영향력을 높여주며, 다른 분야에서의 활동이나 사업적 기회에도 이어질 수 있습니다.

[마일스톤]
마일스톤은 어떤 목표를 달성하기 위해 이루어지는 중요한 단계나 돌파구를 가리키는 용어입니다. 일반적으로 마일스톤은 프로젝트 관리에서 사용되며, 큰 목표를 세분화하여 작은 단계로 쪼개고, 단계마다 중요한 이정표로 설정합니다.

마일스톤은 프로젝트 진행 상황을 추적하고 평가하기 위한 도구로 사용됩니다. 각 마일스톤은 특정한 기한이나 성과물을 가지고 있으며, 프로젝트가 목표를 달성하는 과정에서 중요한 지점을 나타냅니다. 마일스톤을 달성함으로써 프로젝트팀은 진척 상황을 확인하고 문제를 해결하며, 다음 단계로 나아갈 수 있습니다.

마일스톤은 일반적으로 중요한 이벤트나 결과물을 나타내는데 사용합니다. 예를 들어, 소프트웨어 개발 프로젝트의 경우, 마일스톤은 요구사항 정의, 설계 완료, 개발 완료, 테스트 완료 등의 단계를 나타낼 수 있습니다. 이러한 마일스톤들은 프로젝트 진행 상황을 추적하고, 문제를 조기에 발견하고, 성공적인 완료를 위한 기준을 제시합니다.

마일스톤은 또한 개인적인 목표를 달성하기 위한 중요한 단계를 가리킬 수도 있습니다. 예를 들어, 저자로서의 목표를 가진 사람은 첫 번째 원고 완성, 편집 완료, 출판 계약 체결 등의 마일스톤을 설정할 수 있습니다. 이러한 마일스톤은 저자의 진척 상황을 파악하고, 동기 부여를 위한 중요한 지점을 제공합니다.

마일스톤은 목표 달성의 중간 점검과 성취감을 도출하는데 도움을 주는 중요한 개념입니다. 프로젝트나 개인적인 목표를 달성하기 위해 마일스톤을 설정하고 추적하는 것은 계획적이고 효과적인 진행을 도와줍니다.

책 판매는 출간의 목적이 아니다

책은 오랜 세월 동안 지식과 문화 전달의 매체로서 우리 삶에서 귀중한 역할을 담당하고 있습니다. 그러나 책 판매는 출간의 목적은 아닙니다. 출간의 목적은 더 넓은 의미에서의 지식과 아이디어의 공유, 사회적 영향력의 확대, 그리고 문화적 가치의 증진입니다.

책은 저자의 생각과 경험, 연구 결과, 창의성을 통해 독자와 소통하는 도구입니다. 책은 저자가 자신의 아이디어를 구조화하고 명확하게 전달하는 매개체입니다. 책은 또한 저자가 독자의 사고를 독려하고 영감을 주며, 깊이 있는 인지적 경험을 선사합니다. 따라서 출간의 목적은 저자의 아이디어와 이야기를 독자와 공유하며, 사회적인 대화와 토론의 장을 열어주는 것입니다.

하지만 출간은 그 자체로 출판사와 저자에게 수익을 창출하는 경제적인 요소입니다. 책 판매는 저자와 출판사에 수익을 제공하고, 저작권을 보호하는 역할을 합니다. 수익을 통해 저자와 출판사는 더 많은 콘텐츠를 제작하고 투자할 수 있으며, 지속적인 창작 활동을 이어나갈 수 있습니다. 따라서 출판사와 저자는 책 판매를 통해 지식과 아이디어를 더욱 넓은 대중에게 전달하고 사회적 영향력을 확대하는 것을 목표로 합니다.

그러나 출간의 목적은 결코 수익 창출에만 국한되지 않습니다. 출간은 사회적인 영향력을 키우고 문화적인 가치를 증진시키는 데에도 중요한 역할을 합니다. 책은 사회적인 문제에 대한 인식과 이해를 높이며, 사회적인 변화와 발전을 끌어내는 역할을 합니다. 문학 저작물은 감정과 공감을 일으키며 사회적인 문제를 다루기도 합니다. 역사와 철학, 과학 등의 책은 우리의 지식을 넓히고 사회적인 대화를 끌어내는데 기여합니다. 이러한 방식으로 출간은 지식의 공유와 사회적인 영향력의 증진을 위한 중요한 수단이 됩니다.

책 판매는 출간의 목적이 아니라 출간을 가능하게 하며 지속적인 창작과 지식의 전달을 지원하는 수단입니다. 출간의 목적은 저자의 아이디어와 이야기를 널리 퍼뜨려 사회적인 대화와 토론의 장을 열고, 지식과 문화를 발전시키는 것입니다. 책은 무한한 가능성과 영감을 담고 있는 보물상자로서 우리의 삶에 영감을 주고 성장을 도모합니다. 출간의 목적은 이러한 가치를 추구하며, 책이 우리의 지식과 인간성을 더욱 풍부하게 만드는 것입니다.

그뿐만 아니라, 책은 문화와 역사의 보고이기도 합니다. 문학 저작물들은 특정 시대와 장소에서 벌어지는 사건과 인물들을 통해 우리에게 그 시대의 상황과 가치를 전달합니다. 역사 서적은 과거의 사건과 인물들을 다루며 우리에게 인류의 진보와 과정을 이해하는 데 도움을 줍니다. 이러한 책들은 우리가 어디에서 왔으며 어떻게 성장해왔는지를 알게 해주고, 우리의 아이덴티티와 문화를 형성하는 데에 기여합니다.

또한, 책은 우리에게 새로운 아이디어와 시각을 제시합니다. 다양한 주제와 장르의 책을 읽으면 우리의 시야가 확장되고 다양한 관점을 이해할 수 있습니다. 책은 우리의 세계관을 넓혀주며, 타인의 경험과 감정을 공감하고 이해하는 데에도 도움을 줍니다. 이러한 과정을 통해 우리는 편견을 깨고 다른 사람들과의 연결과 이해를 증진시킬 수 있습니다.

책은 교육의 중요한 요소입니다. 학교에서부터 시작하여 평생을 통해 우리는 책을 통해 지식과 기술을 습득합니다. 책은 우리의 학습을 촉진시키고 지적인 성장을 돕습니다. 전문적인 지식을 갖춘 사람들이 책을 통해 자신의 전문성을 공유하면서 사회의 지식수준을 높입니다. 또한, 책은 창의성을 자극하고 문제 해결 능력을 향상하는 데에도 도움을 줍니다. 책을 읽는 과정에서 우리는 자유롭게 상상력을 발휘하고 아이디어를 형성할 수 있습니다.

출판 방식과 출간의 가치는 무관하다

출판의 가치를 결정하는 요소는 오늘날 점차 다양해지고 있습니다. 전통적인 출판사 기획출판 방식은 오랜 역사와 권위를 가지고 있지만, 이는 모든 저자와 저작물에 적합한 것은 아닙니다. 실제로 우수한 저작물들이 자비출판으로 성공을 거두고 있습니다. 이는 자유로운 창작 환경과 디지털 플랫폼의 발전으로 인해 가능해진 현상입니다.

출판 방식은 시대적인 변화와 문화적인 차이에 따라 다양한 관점에서 평가됩니다. 예를 들어, 일부 저자들은 출판사 기획출판 방식을 통해 출간된 책이 권위 있는 인증과 성공을 가져올 수 있다고 믿습니다. 그들은 출판사의 편집과 마케팅 노력, 유통 네트워크를 통해 독자들에게 더 널리 알리고, 전문가들의 평가와 서평을 받을 수 있다는 점을 강조합니다.

하지만 현대의 출판 풍경은 변화하고 있습니다. 인터넷과 디지털 기술의 발전은 저자들에게 새로운 출판 옵션을 제공하고 있습니다. 저자는 자비출판을 선택하거나 온라인 플랫폼을 통해 자신의 저작물을 발표할 수 있습니다. 이러한 방식은 저자에게 더 큰 자유와 창작적인 통제력을 부여합니다. 저자는 출판사의 기준이나 제한 없이 자신만의 비전과 메시지를 담은 저작물을 출간하게 됩니다.

또한, 소셜 미디어의 부상은 저자와 독자 간의 직접적인 상호작용을 촉진하고 있습니다. 저자는 온라인 커뮤니티, 소셜 미디어 플랫폼 등을 활용하여 독자와 소통하고 피드백을 받을 수 있습니다. 이는 저자의 저작물을 보다 개인적이고 참여적인 경험으로 만들어 줍니다.

또한, 출판 방식은 문학이나 실용 또는 자기계발 등 분야에 따라 다를 수도 있습니다. 일부 분야에서는 전통적인 출판 방식이 아직도 주류를 이루고 있고, 출판사의 인증이 저작물의 신뢰성을 보장하는 역할을 할 수도 있습니다. 하지만 다른 분야에서는 자비출판이나 온라인 출판이 더 많은 자유와 기회를 제공합니다. 따라서, 출판 방식의 상대적인 가치는 분야나 개인적인 맥락에 따라 달라집니다.

따라서 출간의 가치는 다양한 요소의 상호작용으로 결정됩니다. 저작물의 내용과 품질, 저자의 창작력과 목표, 독자들의 수용과 평가는 모두 출판의 가치를 형성하는데 영향을 미칩니다. 출판사 기획출판이든 자비출판이든, 저자의 부담이 크든 작든, 저작물 자체의 가치와 독자들과의 연결입니다. 독자들은 저작물의 내용과 맥락을 중심으로 평가를 진행하며, 출판 방식보다는 저작물에 대한 이해와 감정적인 연결에 영향을 받게 됩니다.

책의 가치는 그 자체로서의 내용과 문체적인 요소, 저자의 창작력과 재능에 의해 좌우됩니다. 독자들은 저작물 자체에 주목하며, 그 저작물이 어떤 경로를 통해 출간되었는지는 그리 중요하지 않을 수 있습니다. 중요한 것은 저작물이 독자들에게 얼마나 감동을 주고, 생각과 감정을 자극하는지 입니다.

물론 출판 방식은 저자와 독자들 사이의 다리 역할을 합니다. 전통적인 출판을 통해 저자는 넓은 독자층에 도달하고, 출판사는 저자를 발굴하고 지원함으로써 책의 가치를 향상시킬 수 있습니다. 출판사의 전문성과 마케팅 노하우는 저자가 단독으로 할 수 없는 부분들을 보완해 줍니다. 하지만 자비출판이라고 해서 저작물의 가치가 감소하는 것이 아닙니다.

저자는 자신의 저작물과 목표에 맞는 출판 방식을 선택할 수 있으며, 독자들은 저자의 저작물을 선택할 때 출판 방식보다는 저작물 자체에 초점을 두게 될 것입니다. 저작물의 가치는 저자의 창작과 독자의 해석과 경험으로 형성되며, 그 가치는 출판 방식에 의해 단정 짓기 어렵습니다.

출간의 가치와 판매량은 무관하다

책 출간은 저자에게 있어서 큰 의미를 두는 일입니다. 그러나 책 출간의 가치는 단순히 판매량이 많은 것에만 근거하지 않습니다. 실제로, 책의 가치는 판매량 이상의 다양한 측면에서 나타납니다.

책 출간은 저자의 창작활동의 결과물을 대중과 공유하는 과정입니다. 저자는 자신의 아이디어, 경험, 지식을 책으로 정리하여 사람들과 공유하고자 합니다. 이는 저자의 생각과 감정을 전달하고 독자들과 대화를 끌어내는 것을 목표로 합니다. 판매량이 많은지 적은지에 상관없이, 저자의 목표는 독자들과의 소통과 이해를 이루는 데에 있습니다.

책 출간은 저자의 인지도와 명성을 증진시키는 역할을 합니다. 책은 저자의 전문성과 지식을 대중에게 알리는 중요한 매체입니다. 책이 많이 팔릴수록 저자의 이름은 더 널리 알려지게 됩니다. 그러나 책의 가치는 판매량만큼이 아니라, 저자의 아이디어의 독창성, 문체의 품질, 표현력 등 여러 가지 요소에 의해 결정됩니다. 따라서, 책 출간은 저자의 창작 능력을 세상에 알리는 기회를 부여하고, 저자의 인지도와 명성을 쌓는 데에 큰 도움을 줍니다.

책 출간은 문화와 지식의 발전에 기여합니다. 책은 지식의 저장고이며, 문화의 전달자입니다. 책 출간은 새로운 아이디어와 이야기를 세상에 선보이는 것을 의미합니다. 판매량이 적더라도, 책은 독자들에게 새로운 시각과 지식을 제공하며, 사회의 지식수준과 문화적 수준을 높이는 역할을 합니다. 따라서, 책 출간은 저자의 개인적인 성취뿐만 아니라, 사회와 문화의 발전에도 큰 영향을 미칩니다.

책 출간은 저자에게 다양한 면에서 가치를 부여합니다. 첫째로, 책 출간은 저자의 창작 과정을 완성시키는 의미가 있습니다. 책을 출간하려면 저자는 아이디어를 구체화하고, 내용을 정리하며, 문장을 다듬어야 합니다. 이 과정은 저자의 창의력과 노력이 결합된 결과물로서, 그 자체로 가치를 지닙니다. 저자는 자신의 저작물을 완성시키고 세상에 내놓음으로써, 자신의 창작 과정을 마무리하고 저작물을 세계와 공유할 수 있습니다.

둘째로, 저자의 성장과 발전을 도모합니다. 저자는 책을 쓰는 과정에서 문학적 기술과 스타일을 향상시키는데 큰 노력을 기울입니다. 책 출간은 저자의 스킬과 능력 향상을 증명하는 한편, 다음 저작물을 위한 도약대 역할을 합니다. 저자는 독자와의 상호작용을 통해 피드백을 받고 성장할 수 있으며, 다음 저작물에 대한 동기 부여와 자신감을 얻을 수 있습니다.

또한, 저자의 사회적 영향력을 키울 기회를 줍니다. 책은 사회적인 대화와 이해의 장을 열어줍니다. 저자는 자신의 저작물을 통해 사회 문제를 다루거나, 독자들에게 영감을 주는 등 사회적 메시지를 전달합니다. 저자의 책은 독자들의 사고와 감정을 움직이고, 사회적 변화를 일으키는 데에 영향력을 발휘할 수 있습니다. 따라서, 책 출간은 저자가 자신의 목소리를 사회에 알리고 사회적 영향력을 키울 수 있는 중요한 도구입니다.

책 출간은 저자의 상징적인 성취로서의 가치를 지닙니다.

저자로서 책을 출간하는 것은 많은 사람에게 꿈과 희망을 심어주는 행위입니다. 책은 지적인 세계와 상상력의 문을 열어주는 역할을 하며, 저자는 그러한 문을 열어놓는 열쇠를 손에 쥔 셈입니다. 책 출간은 저자의 꿈을 현실로 이루는 과정이자, 저자 자신의 성취감과 자부심을 충족시키는 수단입니다.

따라서 책 출간의 가치는 판매량이나 판매 수익에만 국한되지 않습니다. 책 출간은 저자의 창작 과정을 완성시키는 의미가 있으며, 저자의 성장과 발전을 도모합니다. 더 나아가, 저자의 사회적 영향력을 키우고 상징적인 성취를 이루는 역할을 합니다. 따라서, 책 출간은 저자와 독자, 그리고 사회와 문화에게 다양한 면에서 가치를 부여하는 소중한 행위로서 존중되어야 합니다.

또한, 책은 저자의 아이디어와 이야기를 전달하는 매체로서, 저자와 독자 간의 소통과 이해를 이루는 데에 중요한 역할을 합니다. 또한, 책 출간은 저자의 인지도와 명성을 증진시키며, 문화와 지식의 발전에 기여합니다. 따라서, 책 출간은 저자와 독자, 그리고 사회와 문화 모두에게 큰 가치를 지닌 소중한 행위입니다.

책은 영구적인 자산

출판된 책을 통해 영구적인 자산을 소유할 수 있다는 사실은 현대 사회에서 매우 강력한 주장입니다. 출판은 저자들에게 자신의 아이디어, 지식, 창조성을 전 세계와 공유할 수 있는 힘을 부여합니다. 이러한 힘은 책이 끊임없이 읽히고 소비되며, 지식과 역사를 만들어나가는 과정에서 더욱 강화됩니다.

책은 다양한 형태와 주제로 출판되며, 이에 따라 독자들은 자신의 관심사나 욕구에 맞는 책을 선택할 수 있습니다. 책은 문학 저작물, 비평, 자기계발서, 전문서적 등 다양한 장르를 아우르며, 독자들에게 새로운 시각을 제시하고 지식을 확장하는 기회를 줍니다. 출판된 책을 통해 개인은 다른 사람들의 경험과 지식에 접근할 수 있으며, 그 결과로 자신의 인식과 시야를 확장시킵니다.

그뿐만 아니라 출판된 책은 저자들에게 근본적인 이익을 제공합니다. 출판된 책은 저작권법으로 보호받으며, 저자는 자신의 저작물에 대한 지적 재산권을 가지게 됩니다. 이는 저자에게 경제적인 혜택을 가져다주는 동시에, 저자로서 지위와 명성을 쌓는 데에도 도움이 됩니다. 출판된 책은 저자의 스킬과 업적을 대중에게 공개함으로써, 저자의 프로필과 신뢰성을 향상시킵니다. 이는 더 많은 기회와 성장으로 이어집니다.

또한, 출판된 책은 시간과 공간을 초월하는 영구적인 자산으로서의 가치를 지니고 있습니다. 책은 출판 이후 계속해서 판매되고, 독자들에게 전달됨으로써 지속적인 가치를 창출합니다. 예를 들어, 고전문학 저작물은 수 세기에 걸쳐 읽히고 연구되며, 그 영향력은 지속해서 이어졌습니다. 또한, 최근에 출판된 책이라도 지속적인 관심과 인기를 얻을 수 있어서 계속해서 판매되고, 새로운 독자들에게 도달할 수 있습니다. 이러한 점에서 출판된 책은 지속적인 수익을 창출하고, 자산의 형태로서 저자와 출판사에 장기적인 이익을 제공합니다.

출판된 책은 우리의 역사와 문화를 기록하는 중요한 매체입니다. 책은 어떤 사회나 문화의 가치, 아이디어, 지식을 보존하고 전달하는 역할을 담당합니다. 책을 통해 우리는 과거의 지식과 경험을 이해하고 배우며, 미래 세대에게 이를 전달합니다. 책은 문화적인 다양성을 유지하고, 사회의 발전과 진보를 촉진하는데 핵심적인 역할을 수행합니다.

출판된 책을 통해 영구적인 자산을 소유하는 것은 저자와 독자, 그리고 사회 전체에 이로운 영향을 미칩니다. 책은 지식과 아이디어를 공유하고 확장함으로써 우리의 시야를 넓히고, 개인과 사회의 성장을 도모합니다. 출판된 책은 저자에게는 경제적인 혜택을 제공하며, 자산으로서의 가치를 가지게 됩니다. 또한, 책은 우리의 역사와 문화를 기록하고 보존하는 중요한 매체로서 사회의 지속적인 발전에 기여합니다. 따라서 출판된 책은 영구적인 자산을 소유하는 가치 있는 매체라고 할 수 있습니다.

출간은 위대한 꿈을 향한 도전이다

　책은 인류가 가진 가장 강력하고 영구적인 도구 중 하나로, 지식과 아이디어를 전파하고 인간의 상상력을 자유롭게 펼칠 수 있는 매체입니다. 많은 사람은 자신의 이야기를 책으로 출간하는 것을 꿈꾸지만, 이는 위대한 도전이자 엄청난 성취입니다. 자신의 책 출간을 통해 우리는 우리 자기의 생각과 경험을 공유하고, 다른 사람들의 삶에 긍정적인 영향을 미칩니다.

　자신의 책을 출간하는 것은 노력과 헌신을 요구하는 일입니다. 우선, 글을 쓰는 과정 자체가 어려움과 도전을 수반합니다. 어떤 주제로 책을 쓸지 결정하고, 내용을 조직화하고, 감정과 생각을 표현하는 것은 어렵지만 동시에 보람 있는 일입니다. 또한, 시간과 노력을 투자하여 철저하게 검토하고 수정해야 합니다. 글을 쓰는 것은 자신을 드러내는 행위이기 때문에, 어떻게 다른 사람들이 반응할지 불안할 수도 있습니다. 하지만, 이 모든 과정을 거치고 자신의 책을 완성한다면, 그것은 정말로 위대한 성취입니다.

자신의 책 출간은 단순히 글을 출판하는 것 이상의 의미가 있습니다. 우리는 이를 통해 자신의 이야기를 전 세계 사람들과 공유할 수 있습니다. 책은 문화와 지식을 널리 퍼뜨리는 도구로 작용하며, 우리가 쓴 책을 통해 많은 사람의 삶에 영감을 주고, 지식을 전달합니다. 우리의 책은 독자들에게 새로운 관점을 제시하고, 자신의 삶에 대해 생각하고, 성장할 기회를 줍니다.

또한, 자신의 책 출간은 우리 자신에 대한 도전이기도 합니다. 책을 쓰기 위해서는 내면의 목소리에 귀 기울여야 하며, 자기의 생각과 감정을 솔직하게 표현해야 합니다. 이는 우리가 자기 성장을 위해 스스로와 직면하고 성장할 기회가 됩니다. 책을 쓰는 과정에서 자신의 한계를 뛰어넘으며, 더 나은 저자로 성장하는 것입니다.

자신의 책 출간은 단순히 꿈을 이루는 것뿐만 아니라 사회적 영향력을 행사하는 수단이 될 수도 있습니다. 책은 우리가 가진 지식과 경험을 다른 사람들과 공유함으로써 사회적인 변화를 일으킬 수 있는 도구입니다. 우리의 이야기가 다른 사람들에게 영감을 주고, 희망을 심어줄 수 있으며, 사회적인 문제를 다루는 책은 인식을 개선하고 변화할 수 있습니다.

또한, 자신의 책 출간은 우리의 자아를 인정하고, 자신감을 키워주는 과정입니다. 글을 쓰고 출판하는 것은 자기의 생각과 의견을 담아낼 수 있는 공간을 마련하는 것이기도 합니다. 우리는 이를 통해 자신의 목소리를 세상에 드러낼 수 있고, 자신의 아이덴티티를 강화합니다. 책 출간은 자신을 믿고, 자신의 가치를 인정하는 행위로, 우리는 자신의 역량과 잠재력을 믿고 발휘하는 자신감을 얻을 수 있습니다.

끝으로, 자신의 책 출간은 무한한 가능성과 성장을 약속하는 여정입니다. 책을 출간함으로써 우리는 새로운 문학적 세계와 독자들의 반응을 만나게 됩니다. 독자들의 의견과 피드백을 통해 우리는 보다 나은 저자로 성장하고, 다음 저작물에는 더욱 깊이와 풍부한 내용을 담을 수 있게 됩니다. 책 출간은 우리의 창작력을 넓히고, 우리 자신을 계속해서 도전하고 성장하는 계기가 됩니다.

자신의 책 출간은 위대한 꿈을 향한 도전이자, 새로운 가능성을 탐색하는 여정입니다. 이를 통해 우리는 자신의 이야기를 전 세계에 펼칠 수 있고, 다른 사람들에게 영감과 사회적 변화를 가져다 줍니다. 또한, 자신의 자아를 인정하고 자신감을 키워주며, 무한한 성장과 발전을 경험할 수 있습니다. 그러므로, 우리는 단호하게 자신의 책 출간에 도전하고, 꿈을 이루기 위한 노력과 열정을 쏟아부어야 합니다. 그리고 그 과정에서 우리는 새로운 세계를 발견하고, 위대한 저자로 거듭나게 될 것입니다.

자신의 책 한 권이
다른 사람의 인생을 바꿀 수 있다

　책은 우리에게 마음의 창고를 열어주는 역할을 합니다. 그 중에서도 저자가 자신의 경험과 인생관을 공유하는 책은 우리에게 큰 영감을 주고 긍정적인 변화를 가져올 수 있습니다. 이러한 책들은 우리에게 여러 가지 강점을 보여줌으로써 우리의 마음을 동기 부여하고, 비관적인 시선을 긍정적인 방향으로 바꾸어 줍니다.

　우리는 삶 속에서 다양한 어려움과 도전에 직면하게 됩니다. 때로는 우리의 자아에 대한 의문이 생기기도 하고, 좌절과 불안에 휩싸일 때도 있습니다. 그럴 때 우리를 일으켜 세워주는 것은 긍정적인 에너지와 인생관을 담은 책입니다. 이러한 책을 읽으면서 우리는 작은 위로와 희망을 얻을 수 있습니다.

　저자의 삶에 대한 긍정적 인생관이 담긴 책은 우리의 마음을 따뜻하게 해줍니다. 이러한 책은 우리에게 사랑과 희망, 용기와 결단력을 전해줍니다. 어둠 속에서 빛을 찾을 힘을 주고, 어려운 시기를 이겨낼 수 있는 용기를 불어넣어 줍니다. 이러한 긍정적인 영감은 우리를 변화시키고, 삶을 즐기며, 행복과 만족을 찾아가는 길을 안내해 줍니다.

책은 단지 우리의 내면을 변화시키는 데 그치지 않습니다. 책을 통해 우리는 새로운 아이디어와 관점을 얻을 수 있습니다. 이러한 아이디어와 관점은 우리의 행동과 선택에 영향을 미치며, 결국 우리의 삶을 변화시키는 원동력이 됩니다. 우리는 다른 사람의 인생 이야기를 읽고 배우며, 그들의 인생관을 통해 우리 자신의 가치와 목표를 재조명할 수 있습니다.

따라서, 저자의 삶에 대한 긍정적 인생관이 담긴 책은 우리에게 큰 영감을 줍니다. 이러한 책은 우리의 마음과 생각을 변화시키며, 우리의 인생에 긍정적인 효과를 가져옵니다. 우리는 이러한 책들을 통해 자신과 다른 사람들을 이해하고, 더 나은 세상을 만들기 위한 힘을 얻습니다. 그래서 저자의 삶에 대한 긍정적 인생관이 담긴 책은, 우리의 삶과 다른 사람의 인생을 변화시킬 수 있는 것입니다.

책은 또한 우리에게 지식과 상상력을 제공하는 힘도 있습니다. 그 힘이 한 단계 더 나아가 다른 사람의 인생을 근본적으로 변화시킬 수도 있습니다.

우선, 책은 우리에게 새로운 시각과 관점을 제시해줍니다. 책 속 이야기를 통해 다른 사람의 삶을 들여다보는 것과 마찬가지로, 우리는 저자의 시각을 체험하며 세상을 바라볼 수 있습니다. 예를 들어, 자기계발 서적은 자아를 발전시키고 목표를 이루는 방법을 제시해줍니다. 그런 책을 통해 자신의 잠재력을 깨우치고 더 나은 삶을 살아갈 수 있는 동기를 얻습니다. 이러한 책은 독자의 생각과 행동에 긍정적인 변화를 일으킬 수 있으며, 결과적으로 그들의 인생을 영구적으로 바꿀 수 있습니다.

또한, 책은 우리에게 위로와 용기를 주기도 합니다. 어려운 시기나 힘든 상황인 사람에게 일상을 잠시 잊게 하고 위로의 메시지를 전달하는 책은 그들의 마음을 편안하게 해줍니다. 소설이나 시 등의 문학 저작물은 가상의 이야기를 통해 독자들에게 위로와 용기를 전해주는데, 이러한 저작물을 통해 다른 사람의 인생에 긍정적인 영향을 미칩니다. 이런 저작물을 통해 독자들은 자신의 어려움에 대처하는 방법을 배울 수 있으며, 강인함과 긍정적인 태도를 지니게 됩니다.

책은 우리에게 지식과 역사를 전달해줍니다. 역사서나 사실에 기반한 비문학 저작물은 독자들에게 세계의 역사와 문화를 이해하는 데 큰 도움을 줍니다. 이러한 지식과 인식의 확장은 사람들의 세계관을 넓히고, 다른 문화와 사람들을 이해하는데 도움이 됩니다. 특히, 다양한 시각과 경험을 담은 다문화주의적인 저작물은 독자들에게 새로운 아이디어와 관점을 제시해주며, 그들의 인생을 크게 변화시킬 수 있습니다.

책은 우리에게 자아를 발견하고 성장하는 기회를 줍니다. 자기 도전과 성공, 실패와 극복, 사랑과 상실 등 다양한 인간적인 경험들은 책을 통해 공유됩니다. 이러한 이야기들은 독자들에게 공감과 위로를 주면서 자신의 삶에 대한 영감을 불어넣어 줍니다. 예를 들어, 자신의 어려움과 고난을 극복한 주인공의 이야기를 통해 독자들은 자신의 문제를 직시하고, 그것을 극복하기 위한 해결책을 찾을 수 있습니다. 이러한 과정은 독자들의 성장과 변화에 기여하여, 그들의 인생을 영구적으로 바꿀 힘을 지닌 것입니다.

또한, 책은 우리에게 감동과 영감을 선사합니다. 현실에서는 경험할 수 없는 환상적인 세계나 흥미진진한 이야기를 통해 독자들은 꿈을 키우고, 큰 목표를 향해 나아갈 수 있는 동력을 얻습니다. 책은 우리의 상상력을 자극하고 창의적인 사고를 유발하여, 독자들이 자신의 잠재력을 발휘하고 새로운 가능성을 탐험할 수 있게 합니다. 이러한 영감은 독자들의 삶에 긍정적인 변화를 가져다줄 뿐만 아니라, 그들이 사회나 문화에 기여하는 활동을 촉진시킵니다.

책은 독자들에게 인간적인 연결과 공감을 선사합니다. 책을 통해 다른 사람의 이야기를 경험하고 이해함으로써, 독자들은 자신과 다른 사람들 간의 연결고리를 발견하게 됩니다. 이를 통해 독자들은 다양성과 포용성에 대한 인식을 높이며, 자신의 세계관을 넓히고 타인을 이해하는 도움을 받을 수 있습니다. 이러한 공감과 연결은 사회적인 이해와 협력을 촉진시켜, 독자들이 다른 사람들과 더 나은 관계를 형성하고 세상을 변화시킬 수 있는 역할을 합니다.

2부

자비출판의 빛나는 장점

자신의 책은 인생의 최고 프로필이다

인생은 우리에게 여러 가지 이야기를 선사합니다. 그 이야기들은 우리가 행복하게 웃을 수도 있게 해주고, 때로는 우리를 깊은 생각에 잠기게도 합니다. 이 모든 이야기는 우리의 인생 책에 담겨 있습니다. 그리고 나는 믿습니다. 자신의 책은 인생의 최고의 프로필이다는 것을 말입니다.

우리의 책은 우리의 존재와 가치를 보여주는 증거입니다. 어떤 이들은 독창적인 소설을 통해 그들의 상상력과 창조력을 선보입니다. 다른 사람들은 전문적인 분야에서의 지식과 경험을 담은 전문서적으로 어필합니다. 그리고 모두가 평범한 일상을 다룬 일기나 회고록을 통해 우리 자신의 성장과 변화를 증명합니다.

우리의 책은 우리의 과거와 현재를 담고 있을 뿐만 아니라 우리의 미래를 예측하는 기회를 줍니다. 우리는 우리 자신의 책을 통해 어떤 사람이 되고자 하는지, 어떤 꿈과 목표를 품고 있는지를 보여줍니다. 그리고 이러한 비전을 통해 우리는 우리의 인생의 방향을 정할 수 있습니다.

하지만 자신의 책을 쓰는 것이 쉽지 않습니다. 글을 쓰는 것은 우리가 소중히 간직한 경험과 감정을 남들에게 공개하는 것과도 같습니다. 이는 우리에게 책임과 용기를 요구합니다. 때로는 부끄러움과 두려움에 직면하게 되지만, 우리가 자신의 이야기를 전하고자 하는 열망이 크다면 우리는 그런 과감함을 가져야 합니다.

자신의 책을 쓰는 것은 자아를 발견하고, 자기를 인정하며, 자신을 받아들이는 과정입니다. 우리는 자신의 이야기를 통해 세상과 연결되고, 공감과 영감을 주고받습니다. 우리의 책은 우리의 특별한 아름다움과 가치를 세상에 알리는 창입니다.

그러므로 자신의 책은 인생의 최고의 프로필이라고 말할 수 있습니다. 그 안에는 우리의 모든 이야기와 열정, 꿈과 목표, 성장과 변화가 담겨 있습니다. 우리의 책은 우리가 세상에 기여하는 가장 훌륭한 방법이며, 우리의 고유한 존재의 증표입니다.

자신의 책을 쓰는 것은 결국 우리가 인생의 주인공이자 저자이자 독자가 되는 것입니다. 우리는 우리 자신의 책을 쓰면서 자신을 발견하고, 인생의 의미를 탐색하며, 무한한 가능성을 깨닫게 됩니다. 그리고 우리의 책은 우리의 인생을 독특하고 아름답게 만드는 보물입니다.

그러니 자신의 책을 마음껏 펼쳐보세요. 그리고 어떤 이들과 나누고 싶은 이야기가 있다면 당당하게 그 이야기를 전해보세요. 자신의 책은 당신의 프로필이자 세계와 연결되는 창입니다. 자신을 믿고, 자신을 사랑하며, 자신의 책을 통해 세상에 자신을 보여주세요. 그리고 당신은 놀라운 여정을 시작하게 될 것입니다.

당신의 책은 당신 삶의 궁극적인 프로필이며 당신의 경험, 생각, 감정에 대한 증거입니다. 그것은 당신의 독특한 여정과 그 과정에서 배운 교훈을 반영한 것입니다. 다른 훌륭한 책과 마찬가지로 기쁨, 슬픔, 승리, 도전으로 가득 찬, 장이 있습니다. 페이지를 넘길 때마다 본질의 새로운 층이 드러나 캐릭터의 깊이와 복잡성이 드러납니다.

책의 각 장에는 자신의 성취와 성과에 대한 이야기가 나옵니다. 이 이야기는 당신의 결단력, 탄력성 및 흔들리지 않는 정신을 보여줍니다. 그들은 당신이 도달한 높이와 당신이 극복한 장애물을 보여줍니다. 당신의 책은 당신의 승리를 축하하는 것이며, 당신에게 오는 모든 것을 정복할 수 있는 당신의 능력을 일깨워주는 역할을 합니다.

그러나 당신의 책은 단순히 업적의 모음집이 아닙니다. 그것은 또한 당신의 영혼을 들여다보는 창이기도 합니다. 취약한 순간, 두려움, 의심, 불안감에 직면한 시간을 포착합니다. 이 장들은 우리 자신에게 진실해지는 것이 용감한 행동임을 상기시켜 줍니다. 당신의 책은 우리의 투쟁을 통해 성장하고 진화하기 때문에 불완전함을 포용합니다. 그것은 우리가 공유하는 인간 경험에 있는 취약성과 아름다움의 힘을 드러냅니다.

독자는 책의 페이지를 파고들면서 당신과 함께 여행을 떠납니다. 그들은 형성된 우정, 양육된 관계, 경험한 사랑을 목격합니다. 당신의 책은 당신이 만든 연결과 다른 사람에게 끼친 영향에 대한 증거입니다. 그것은 우리의 삶이 얽혀 있고 우리의 이야기가 서로 얽혀 인간 존재의 풍부한 태피스트리를 만든다는 것을 상기시켜줍니다.

당신의 책에는 자기 발견과 자기 성찰의 장도 포함되어 있습니다. 그것은 당신이 스스로 물었던 질문, 당신이 숙고한 철학, 당신이 얻은 지혜를 탐구합니다. 당신의 책은 의미 탐색, 목적 탐색, 개인적 성장을 위한 로드맵입니다. 독자들이 자기 발견의 여정을 시작하도록 격려하고, 자신의 이야기를 더 깊이 탐구하고 삶의 충만함을 포용하도록 영감을 줍니다.

결국, 당신의 책은 종이에 적힌 단어 모음 그 이상입니다. 그것은 유산, 즉 세상에서 당신의 존재에 대한 증거입니다. 그것은 당신이 다른 사람들에게 제공하는 선물이며, 그들이 페이지 내에서 연결하고, 공감하고, 영감을 찾도록 초대합니다. 당신의 책은 마지막 페이지를 넘긴 후에도 계속해서 삶을 형성하고 영향을 미칠 것입니다.

그러니 이야기의 힘을 받아들이세요. 경험의 아름다움을 받아들이십시오. 인생의 장에서 얻은 지혜를 받아들이십시오. 당신의 책은 당신의 궁극적인 프로필이고, 당신의 여정에 대한 영원한 흔적이며, 그것을 읽을 수 있는 특권을 가진 모든 사람에게 희망과 영감의 등대입니다.

인생을 가장 완벽하게 표현한 프로필

인생은 매우 다양한 경험과 순간으로 가득 차 있습니다. 우리는 매일매일 새로운 장면을 마주하고, 새로운 이야기를 쓰며 살아갑니다. 이러한 경험들이 모여서 우리 개개인의 독특한 이야기를 형성하게 됩니다. 이러한 이야기는 우리 자신의 책으로 기록되며, 우리 최고의 프로필이 되는 것입니다. 자신의 책을 통해 우리는 성장과 변화, 열정과 업적을 나타내고, 또한 우리 자신의 가치를 발견하고 표현할 수 있습니다.

자신의 책은 성장과 변화의 기록이다

우리는 삶 속에서 많은 도전과 역경을 마주하게 됩니다. 그러나 이러한 어려움은 우리가 성장하고 변화하는 계기가 됩니다. 자신의 책은 이러한 성장과 변화의 기록으로, 우리가 어떻게 어려움을 극복하고 배움으로써 발전해 나갔는지를 담고 있습니다. 우리의 책은 우리가 늘어나는 과정을 증거로 남기며, 우리 자신의 성장을 보여줍니다.

자신의 책은 열정과 업적의 표현이다

우리는 열정과 업적을 통해 삶을 풍요롭게 만들고, 사회에 기여합니다. 우리 자신의 책은 우리의 열정과 업적을 기록하고 표현하는 수단입니다. 어떤 분야에서든 열정과 업적을 가지고 행동하며, 그 결과를 우리 책에 담을 수 있습니다. 자신의 책을 통해 우리는 우리 자신의 가치와 업적을 세상에 알리며, 우리의 프로필을 높일 수 있습니다.

자신의 책은 우리 자신의 가치를 발견하는 과정이다

우리는 종종 자신을 평가하고 가치를 인정받고 싶어합니다. 그러나 외부의 인정과 평가만으로는 우리의 진정한 가치를 알기 어렵습니다. 자신의 책은 우리가 어떤 사람인지를 깊이 있게 탐구하고, 우리 자신의 가치를 발견하는 과정입니다. 우리가 겪은 경험들과 그로 인해 우리가 형성된 모습들은 우리 자신의 독특한 가치를 보여줍니다. 자신의 책은 우리가 자아를 탐색하고 발전시키는 여정의 기록이며, 우리 자신을 이해하고 소중히 여기는 방법입니다.

우리 자신의 책은 우리의 인생을 가장 완벽하게 표현한 프로필입니다. 그 안에는 우리의 성장과 변화, 열정과 업적, 그리고 우리 자신의 가치가 담겨 있습니다. 우리의 책을 통해 우리는 자신의 삶을 돌아보고, 더 나은 인생을 살기 위한 방향을 찾습니다. 우리의 책을 써 내려가는 동안, 우리는 더 나은 버전의 자신이 되기 위해 계속해서 노력하여 성장할 것입니다. 그리고 그것이 우리의 책이 끝나는 날까지 이어질 인생의 멋진 이야기가 될 것입니다.

자비출판과 기획출간의 본질적 차이

출판계는 많은 저자에게 꿈의 한 축으로 여겨집니다. 그리고 저자들은 자신의 저작물을 세상과 나누기 위해 출판을 희망합니다. 하지만 출판은 어떤 저작물이 성공할지 예측하기 어렵고, 불확실성이 높은 분야입니다. 그래서 출판산업은 큰돈을 벌 수 있는 한편, 큰 위험을 안고 있는 산업이기도 합니다.

이때 출판의 두 가지 주요 형태로 자비출판과 전통출판(기획출판)이 있습니다. 이 두 형태의 본질적인 차이는 책이 팔리지 않았을 때 그 리스크를 누가 부담하느냐에 있습니다. 전통출판은 상업적인 목적을 가지고 출판사가 저자와 계약을 체결하는 방식입니다. 출판사는 저자의 저작물을 평가하고 판매 가능성을 예측한 후, 편집, 디자인, 마케팅, 유통 등의 작업을 수행합니다. 이 모든 과정에서 발생하는 비용과 리스크는 출판사가 부담합니다. 따라서 책이 팔리지 않았을 때도 저자는 대부분 비용과 리스크로부터 자유롭습니다.

반면, 자비출판은 저자가 출판과 관련된 모든 비용과 리스크를 부담하는 형태입니다. 저자는 출판사 도움으로, 편집, 디자인, 인쇄, 마케팅, 유통 등을 거칩니다. 이는 저자에게 큰 자유와 책임을 부여하지만, 동시에 상당한 비용과 노력이 필요합니다. 자비출판에서는 저자가 책의 판매에 성공하면 수익을 낼 수 있지만, 판매가 실패할 경우 모든 비용과 리스크는 저자에게 돌아가게 됩니다.

그렇다면 원고의 질적인 문제는 출판 형태와는 관련이 없을까요? 원고의 질은 출판 성공에 있어 매우 중요한 요소입니다. 어떤 형태의 출판을 선택하든 저작물이 흥미로운 내용과 훌륭한 문체를 갖추고 있어야 합니다. 원고의 질은 저자의 역량과 노력에 달려 있으며, 출판 형태는 그 저작물을 어떻게 세상과 만나게 할지 결정합니다.

결국, 출판의 형태는 저자가 자신의 저작물을 어떤 방식으로 세상과 공유하고자 하는지에 따라 달라집니다. 자비출판은 저자에게 큰 자유를 주지만 동시에 비용과 리스크를 부과

합니다. 반면, 전통출판은 저자가 비용과 리스크를 걱정하지 않고 저작물에만 집중할 수 있게 해주지만, 출판사의 판단과 규제를 받을 수도 있습니다.

따라서 저자는 출판 형태를 선택할 때 자신의 상황과 목표를 고려해야 합니다. 어떤 출판 형태를 선택하든지 원고의 질은 출판의 성패에 영향을 미치는 중요한 요소입니다. 저자는 자신의 저작물을 출판사에 제출하기 전에 충분한 시간을 투자하여 원고를 다듬고 발전시키는 것이 필요합니다. 출판 형태는 저자의 선택에 달려 있지만, 저작물의 질은 저자의 노력과 열정으로 결정되는 것입니다.

출판 형태를 선택하는 것은 저자에게 많은 고민과 결정을 요구합니다. 자비출판은 저자에게 높은 자유와 독립성을 제공합니다. 저자는 자신의 비전과 의도를 충실히 담은 책을 출판할 수 있으며, 출판 과정에서 발생하는 모든 결정을 스스로 내릴 수 있습니다. 이는 저자에게 큰 창작 자유를 주며, 원하는 방식으로 저작물을 세상과 공유하는 기회를 줍니다.

자비출판은 저자에게 직접적인 경험과 배움의 기회를 줍니다. 출판 과정의 각 단계에서 저자는 편집, 디자인, 마케팅,

유통 등의 개입을 통해 출판산업에 대한 이해도를 높이고 다양한 기술과 지식을 습득할 수 있습니다. 이는 저자의 창작 활동에 있어서 큰 도움이 되며, 출판 이외의 분야에서도 유용하게 활용됩니다.

전통출판은 출판사가 저자와 계약을 체결하여 출판과 관련된 모든 측면을 처리하는 방식입니다. 출판사는 저자의 저작물을 평가하고 필요한 수정과 편집 작업을 수행한 후, 적절한 마케팅과 유통 전략을 통해 책을 세상에 내놓습니다. 저자는 이러한 제작 과정에서 상대적으로 자유로워집니다.

이처럼 자비출판과 전통출판은 각각 장단점을 가지고 있습니다. 어떤 출판 형태를 선택하든 저자는 자신의 상황과 목표를 고려하여 결정해야 합니다. 저자는 자신의 저작물과 출판에 대한 목표와 비전을 명확히 정립하고, 출판 형태에 따라 필요한 노력과 자원을 투자해야 합니다.

또한, 출판 형태를 선택할 때 저자는 독자와의 관계도 고려해야 합니다. 자비출판은 저자가 독자와 직접적인 연결고리를 형성할 기회를 줍니다. 저자는 독자의 피드백과 의견을 직접 받아들이며, 독자와의 소통을 통해 저작물을 발전시킬 수 있습니다. 이는 저자의 창작 과정에 있어서 큰 가치를 지니며, 독자와의 긴밀한 관계를 형성하여 출판 이후의 지속적인 독자들의 지지와 관심을 얻을 수 있습니다.

반면에 전통출판은 출판사를 중간 매개체로 하는 형태이기 때문에 저자와 독자 사이에는 거리가 있을 수 있습니다. 출판사는 독자와의 연결고리를 형성하고 홍보를 통해 독자들의 관심을 끌어내지만, 저자는 이 과정에 직접 참여하지 않는 경우가 많습니다. 저자는 출판사를 통해 넓은 독자층에 접근할 수 있지만, 독자와의 개별적인 소통과 피드백은 출판사를 통해 전달되는 경우가 많습니다.

출판 형태를 선택하는 것은 단순히 저작물을 판매하는 수단으로만 생각해서는 안 됩니다. 출판은 저자의 인지도와 명성을 쌓고, 저작물을 지속으로 세상과 공유하는 과정입니다. 저자는 자신의 목표와 비전에 부합하는 출판 형태를 선택하여 저작물을 최대한으로 발전시키고 독자들에게 도달하는 전략을 구상해야 합니다.

요약하자면, 출판 형태 선택은 저자에게 큰 영향을 미치는 결정입니다. 자비출판과 전통출판은 각자의 장단점을 가지고 있으며, 저자는 자신의 저작물, 목표, 비전, 자원 등을 고려하여 출판 형태를 선택해야 합니다. 출판 형태는 저자의 창작 자유, 비용과 리스크, 독자와의 관계 등을 결정하므로 신중하게 고려해야 합니다. 가장 중요한 것은 저자가 자신의 저작물을 출판하는 방식에 대해 확신으로 최고의 선택을 하며 계속해서 발전해 나가는 것입니다.

자비출판에서 저자로 성공하고 싶으면
경영 마인드를 가져라

출판업계는 끊임없는 경쟁과 변화의 과정을 겪고 있는 분야입니다. 저자로서 자비출판에서 성공하고자 한다면, 단순히 저작물을 쓰는 능력뿐만 아니라 경영 마인드를 갖추어야 합니다. 저자는 자신의 저작물을 효과적으로 홍보하고 관리하며, 긍정적인 비즈니스 전략을 구상하여 자신의 저작물을 성공적으로 출간하고 판매해야 합니다. 이를 위해 저자는 몇 가지 요소에 주의할 필요가 있습니다.

첫째로, 저자는 자신의 저작물을 브랜딩해야 합니다. 저자로서 자신의 스타일과 유니크한 특징을 강조하는 것은 매우 중요하다. 독자들은 특정 저자의 저작물을 찾는 경우가 많으며, 저자의 브랜드가 독자들에게 신뢰감과 인지도를 부여합니다. 따라서 저자는 자신의 저작물을 출간하기 전에 명확한 브랜드 메시지를 구축하고, 이를 효과적으로 전달하는 마케팅 전략을 구상해야 합니다.

둘째로, 저자는 출판을 비즈니스로 바라봐야 합니다. 출판은 예술적 창작이지만, 저자는 동시에 사업가이기도 합니다. 경영 마인드를 갖추어 저자는 저작물의 제작과 출간 과정을 체계적으로 관리해야 합니다. 예산, 일정, 마케팅, 판매 등의 측면을 고려하며 전략을 수립하고 실행해야 합니다. 저자는 저작물의 가치를 인정받는 동시에 수익을 창출하는 것도 중요한 목표로 삼아야 합니다.

셋째로, 저자는 시장 동향과 독자들의 요구를 파악해야 합니다. 출판시장은 빠르게 변화하고 있으며, 독자들의 취향과 요구도 다양해지고 있습니다. 저자는 자신의 저작물이 어떤 독자들에게 맞춰져 있는지 분석하고, 이를 통해 타깃 독자층을 설정해야 합니다. 또한, 독자들의 요구를 충족시키기 위해 저작물의 형식과 내용을 조정하는 능력도 필요합니다. 저자는 경쟁작들과의 차별화를 고려하며, 독자들에게 더 가치 있는 저작물을 제시해야 합니다.

저자는 꾸준한 학습과 개선을 추구해야 합니다. 출판업계는 변화가 빠르고 경쟁이 치열하므로 저자는 항상 새로운 지식과 기술을 습득하고 발전해야 합니다. 저자로서의 역량을 강화하기 위해 글쓰기 과정에서의 자기반성과 피드백을 받는 것도 중요합니다. 또한, 시장 동향을 주시하고 출판업계의 변화에 적극적으로 대응하는 능력을 기를 필요가 있습니다.

자비출판에서 성공하고자 한다면, 단순히 저작물을 쓰는 능력만으로는 충분하지 않습니다. 경영 마인드를 갖추고 자신의 저작물을 브랜딩하며, 비즈니스적인 전략을 수립하고 실행해야 합니다. 저자는 시장 동향과 독자들의 요구를 파악하고, 꾸준한 학습과 개선을 통해 자신의 역량을 향상시켜야 합니다. 출판업계에서 성공하기 위해서는 저자로서의 재능과 노력만으로는 부족하며, 경영적인 사고와 전략적인 접근이 필요합니다.

그뿐만 아니라, 저자는 독자와의 소통과 관계 구축에도 주의를 기울여야 합니다. 독자들은 저자와의 연결을 원하며, 자신의 의견과 감정을 저자와 공유하고 싶어합니다. 따라서 저자는 소셜 미디어와 온라인 커뮤니티를 적극적으로 활용하여 독자와의 상호작용을 촉진하고, 피드백을 수렴하며 독자의 요구에 부응하는 저작물을 제공해야 합니다. 이러한 소통과 관계 구축은 저자의 명성과 팬 베이스를 확장하는 데에도 큰 역할을 합니다.

또한, 저자는 비판적 사고와 유연성을 갖추어야 합니다. 출판업계는 예측 불가능한 요소가 크기 때문에, 저자는 변화에 대응하고 새로운 아이디어와 도전적인 시도를 할 수 있는 유연성을 가져야 합니다. 또한, 자신의 저작물에 대한 비판적인 시각을 가지고 성장하는 데에도 도움이 됩니다. 저자는 자신의 저작물을 항상 개선하고 발전시키기 위해 자기 비판적인 시각을 갖추고, 독자들의 의견과 비판을 수용하며 성장해야 합니다.

마지막으로, 저자는 지속적인 마케팅과 홍보에도 신경을 써야 합니다. 저작물의 출간은 출발에 불과하며, 저자는 저작물을 계속해서 홍보하고 판매되도록 노력해야 합니다. 개인의 소셜 미디어와 온라인 커뮤니티 또는 온라인 플랫폼이 활성화된 지금은 출판사에만 의존하려는 자세를 버려야 합니다. 저자는 효과적인 마케팅 전략을 수립하고, 온라인 및 오프라인 채널을 활용하여 대중들에게 저작물을 알리고 관심을 유발해야 합니다. 또한, 저작물의 가치와 장점을 강조하는 효과적인 컨텐츠 마케팅을 통해 독자들의 관심을 끌고 구매로 이어지도록 해야 합니다.

자비출판에서 저자로 성공하고자 한다면, 브랜딩, 비즈니스적인 사고, 독자와의 소통, 비판적 사고, 지속적인 마케팅 등의 요소를 고려해야 합니다. 이러한 경영 마인드를 가진 저자는 출판업계에서의 경쟁에서 더 나은 성과를 얻을 수 있을 뿐만 아니라, 자신의 저작물과 창작활동을 지속으로 발전시킬 수 있을 것입니다. 출판의 예술과 비즈니스의 조화를 이루는 저자는 자비출판에서 성공하는 길을 열어갈 것입니다.

저자는 자신의 책에 대한 CEO입니다

출판업계는 오랫동안 저자와 출판사 간의 관계에서 권력과 지배력이 불균형한 구조였습니다. 출판사는 저자의 저작물을 공유하고 판매하지만, 이 과정에서 많은 제약과 제어력을 행사했습니다. 그러나 자비출판은 이러한 상황을 바꾸고자 나온 혁신적인 개념입니다. 이제 저자는 자신의 책에 대한 CEO로서 출판 과정을 주도하고 관리할 수 있게 되었습니다.

자비출판은 출판업계를 혁신하고, 저자와 독자 간의 관계를 새롭게 정립하는 중요한 개념입니다. 이제 저자는 자신의 책에 대한 CEO로서 출판 과정을 주도할 수 있으며, 자율성과 창의적인 통제력을 갖게 되었습니다. 이는 저자들에게 큰 기회를 부여하며, 독자들과의 연결고리를 튼튼히 하는 효과를 가져옵니다. 자비출판은 출판의 미래를 모색하는 중요한 전환점이며, 저자들과 독자들 모두에게 혜택을 부여할 것으로 기대됩니다.

자비출판은 또한, 다양한 형태의 출판을 합니다. 기존의 출판사에서는 상업적으로 안정적인 장르나 주제에만 집중하는 경향이 있었습니다. 그러나 자비출판을 통해 저자는 자신의 창작적인 비전을 자유롭게 실현합니다. 예를 들어, 예술적인 실험을 위한 독창적인 저작물이나 사회 문제를 다룬 문화적인 비평 저작물 등을 출판할 수 있습니다. 이는 출판의 다양성과 창의성을 높이며, 독자들에게 다양한 선택지를 제공합니다.

자비출판에서 책이 베스트셀러가 되면 저자는 기업의 CEO와 같은 위치가 됩니다. 책의 성공은 저자에게 엄청난 기회를 부여하며, 책을 경영하는 차원에서 저자의 역량을 요구합니다. 이는 저자의 창의성과 문학적인 능력을 넘어서 비즈니스 관점에서의 전략 수립, 마케팅, 경영 능력이 필요로 한다는 것을 의미합니다.

저자는 베스트셀러가 되면 출판사와의 관계에서 더 큰 주도권을 가지게 됩니다. 이는 출판사와의 협력을 통해 책의 출간일, 가격, 홍보 전략 등에 영향을 미칩니다. 저자는 자신의 비전과 목표를 출판사와 공유하며, 이를 통해 팀을 이끌어가는 리더십을 발휘해야 합니다. 또한, 책의 성공을 위해 출판사와의 긴밀한 협업을 유지하고, 책의 판매 동향을 분석하여 최적의 전략을 수립해야 합니다.

베스트셀러는 대중의 관심을 끌고 많은 독자에게 인정을 받는 저작물입니다. 이는 저자에게 막대한 영향력을 부여합니다. 저자는 독자와의 소통을 통해 피드백을 받고, 독자의 요구와 기대에 부응하는 내용을 제시해야 합니다. 이를 통해 저자는 독자들과의 신뢰를 구축하고, 장기적으로는 독자들과의 관계를 유지하며 팬 베이스를 넓힐 수 있습니다.

베스트셀러의 성공은 저자에게 더욱 많은 기회를 줍니다. 저자는 책을 기반으로 한 다른 형태의 매체 개발, 영화 또는 드라마의 제작 등을 고려할 수 있습니다. 이를 통해 저자는 자신의 저작물을 다양한 방식으로 넓히고, 그 영향력과 수익을 극대화할 수 있습니다.

그러나 베스트셀러가 되기 위해서는 많은 노력과 시간이 필요합니다. 저자는 책의 내용과 스토리텔링 능력을 통해 독자들을 사로잡아야 하며, 독특하고 차별화된 아이디어를 제공해야 합니다. 또한, 책을 출간한 후에도 지속적인 마케팅과 홍보 활동이 필요합니다. 저자는 소셜 미디어, 인터뷰, 북콘서트, 싸인회 등을 통해 독자들과의 접촉을 유지하고, 책의 가치와 매력을 알리는 노력을 해야 합니다.

책의 베스트셀러화는 저자의 인생을 크게 바꿀 기회입니다. 이는 저자가 창의적인 저작물뿐만 아니라 비즈니스적인 역량을 발휘해야 한다는 동시에, 독자와의 관계를 통해 영향력을 행사하고 팬 베이스를 넓히는 능력을 요구합니다. 따라서, 저자는 저작물뿐만 아니라 경영 능력을 향상시키고, 출판사와의 협력을 돈독히 하여 책의 성공적인 유통을 끌어내야 합니다. 이러한 노력과 역량을 바탕으로 저자는 책의 베스트셀러화를 통해 자신의 경력과 영향력을 더욱 넓힐 수 있습니다.

책이 잘 팔리면 엄청난 수익

자비출판은 출판비를 저자가 부담하는 출판 방식을 의미합니다. 이 방식은 저자가 자신의 책을 출판사에 제출하는 대신 출판에 필요한 비용을 직접 지급하는 형태입니다. 자비출판은 출판계에서 점차 인기를 얻고 있는 방식이며, 많은 장점과 이익을 제공합니다.

가장 큰 장점은 저자에게 돌아가는 이익입니다. 일반적인 출판 방식에서는 출판사가 출판에 필요한 비용을 부담하고, 이를 회수한 후에야 저자에게 일정 비율의 인세를 지급합니다. 하지만 자비출판에서는 저자가 직접 출판 비용을 부담하기 때문에, 책이 잘 팔리면 저자에게 더욱 유리한 조건이 됩니다. 책이 인기를 얻고 판매량이 늘어나면 저자는 출판비용을 회수한 후에도 상당한 이익을 얻습니다.

또한, 자비출판은 저자의 독립성과 창의성을 증진시킵니다. 출판사의 제약을 받지 않고 직접 편집, 디자인, 마케팅 등의 결정을 내릴 수 있으므로 저자는 자신의 비전을 충실히 담아 냅니다. 출판사와의 협상이나 수정 요구사항에 맞춰야 하는 번거로움 없이, 자신이 원하는 대로 책을 출판할 수 있습니다. 이는 저자의 독립성과 창작 활동에 큰 자유를 부여하며, 새로운 아이디어와 다양한 시도를 할 기회를 줍니다.

그뿐만 아니라, 자비출판은 저자와 독자 간의 직접적인 소통을 가능하게 합니다. 출판사를 거치지 않고 저자가 직접 책을 출판하면, 독자들은 저자와 더 가까워지고 저자의 이야기에 더욱 흥미를 갖게 됩니다. 저자는 독자의 피드백을 받아들이고, 이를 통해 차후 저작물에 반영할 수 있습니다. 이는 독자와의 긴밀한 관계 형성을 가능케 하며, 저자의 저작물을 더욱 깊이 있게 이해하고 소비할 수 있도록 합니다.

그러나 자비출판에는 몇 가지 주의할 점도 있습니다. 출 비용은 저자가 직접 부담해야 하므로 초기 투자가 필요합니다. 또한, 출판사의 전문 지식과 네트워크를 완벽하게 활용할 수 없는 단점도 있습니다. 따라서 출판과 관련된 다양한 업무에 대한 이해와 노력이 필요하며, 출판 전략과 마케팅에 대한 충분한 고려가 필요합니다.

자비출판은 출판비용을 직접 부담하는 것이지만, 그에 비례하여 저자에게 돌아가는 이익과 독립성을 높여줍니다. 책이 잘 팔릴 때는 저자에게 아주 유리한 조건을 제시하며, 저자와 독자 간의 직접적인 소통과 깊은 관계 형성을 가능하게 합니다. 따라서 자비출판은 출판계에서 저자들에게 많은 장점을 제공하며, 책을 출판하고자 하는 저자들에게 큰 매력을 지닌 출판 방식입니다.

자비출판은 출판계의 변화와 함께 저자들 사이에서 점차 인기를 얻고 있습니다. 이는 기술의 발전과 인터넷의 보급으로 인해 출판 과정에서의 저작자의 역할이 더욱 중요해지고, 독자들은 다양한 선택지를 가지게 되었기 때문입니다. 자비출판은 이러한 변화에 대한 대안으로 등장하며, 저자들이 자신의 저작물을 자유롭게 출판하고 이익을 얻을 기회를 줍니다.

특히 책이 잘 팔릴 경우, 저자는 출판비용을 회수한 후에도 상당한 이익을 얻습니다. 이는 전통적인 출판 방식과는 다른 장점으로, 저자에게 큰 유리함을 제공합니다. 출판사가 부담하는 경우에는 출판사가 먼저 수익을 창출하고, 저자에게 일정 비율의 인세를 주는 방식이지만, 자비출판에서는 저자가 직접 수익을 받습니다. 따라서 책이 인기를 얻어 많은 판매량을 기록할 경우, 저자는 더욱 큰 이익을 얻게 됩니다.

출판사의 입장에서는 수익 창출을 중시하기 때문에, 저작물의 특정 요구에 따라 편집이나 디자인을 강요하는 경우가 종종 있습니다. 그러나 자비출판에서는 저자가 직접 출판 과정을 관리할 수 있으므로, 자신의 비전과 의도에 따라 저작물을 제작합니다. 이는 저자에게 큰 자유를 부여하며, 저작물을 보다 창작자의 의도에 가깝게 표현할 기회가 있습니다.

게다가, 자비출판은 저자와 독자 간의 직접적인 소통을 가능하게 합니다. 출판사를 거치지 않고 저자가 직접 책을 출판하면, 독자들은 저자와의 연결고리가 더욱 강해지며 저자에 대한 호감과 신뢰를 높입니다. 또한, 독자들은 저자에게 직접적인 피드백을 제공하고, 저자는 이를 통해 독자의 요구와 관심사를 파악하고 차후 저작물을 개선할 수 있습니다. 이는 독자와 저자 간의 긴밀한 관계 형성을 가능케 하며, 저작물을 더욱 진화시키고 발전시킬 기회를 줍니다.

또한, 자비출판은 출판 과정을 빠르고 유연하게 진행하는 장점이 있습니다. 출판사를 거치지 않고 직접 출판하는 방식이기 때문에, 출판 일정과 프로세스를 저자가 직접 조절할 수 있습니다. 저자는 자신의 저작물에 대한 빠른 피드백을 반영하고 수정할 수 있으며, 출판 일정을 늦추지 않고 적시에 독자들에게 저작물을 제공합니다. 이는 저자의 창작 열망을 신속하게 충족시키며, 저작물의 발표와 홍보를 더욱 효과적으로 끌어냅니다.

일반적인 출판 방식에서는 저작권과 수익 분배에 대한 계약이 출판사와 저자 사이에서 이루어지는 경우가 많습니다. 하지만 자비출판에서는 저자가 직접 출판비용을 부담하고 수익을 올리기 때문에, 저작권과 수익 분배에 대한 명확한 협의와 약정을 할 수 있습니다. 저자는 자신의 저작물에 대한 소유권과 수익을 더욱 확실히 지킬 수 있으며, 이는 장기적인 창작 활동과 경제적인 지속성을 보장하는 데 도움을 줍니다.

더욱 높은 인세와 출판 매니저

인간은 자연적으로 인센티브에 반응하는 생물입니다. 어떤 일을 하더라도 그 일에 대한 보상이 기대되는 경우, 우리는 더 큰 노력을 기울이고 더 나은 결과를 얻으려고 합니다. 출판업계도 이와 마찬가지입니다. 출판 저자들은 그들의 저작물을 대중에게 선보이고, 독자들에게 좋은 인상을 심어주기 위해 최선을 다해야 합니다. 이러한 저자들에게 자비출판은 큰 장점을 제공하는데, 그중 가장 뚜렷한 이점은 더욱 높은 인세입니다.

일반적인 출판 절차에서는 저자들은 출판사와 계약을 체결하고 그들의 저작물을 출판사에 맡깁니다. 출판사는 저자의 저작물을 감수하고 편집, 인쇄, 마케팅 등의 작업을 진행한 뒤, 책이 팔리게 되면 저자에게 일정한 로열티를 제공합니다. 하지만 이런 전통적인 방식은 저자에게는 제한적인 인센티브를 제공합니다. 로열티는 일반적으로 저작권의 일정 비율로 계산되기 때문에 판매량에 비례하여 지급되는데, 많은 저자가 판매량에 크게 의존하는 이유는 이로 인해 그들의 수익도 판매량에 직결되기 때문입니다.

　자비출판은 이러한 제한된 인센티브 구조를 극복하는 방안을 제시합니다. 자비출판은 저자가 출판비용을 출판사에 투자하여 자신의 저작물을 출판하고 판매하는 방식입니다. 이를 통해 저자는 출판사의 개입을 줄이고, 자신의 저작물에 대한 모든 권한과 통제권을 가지게 됩니다. 따라서 저자는 자신의 노력과 열정에 비례하는 보상을 받습니다.

　저자는 자신의 저작물에 대한 판매 수익을 전통출판 인세보다 훨씬 높은 비율로 얻습니다. 저자가 개인적으로 판매할 때는 출판사와의 로열티 협정에 의존하지 않고, 저자는 판매된 권마다 전액을 수확합니다. 이는 저자들에게 더 큰 동기부여를 제공하며, 저작물에 대한 더 큰 주도권을 가지게 합니다.

　현대 출판산업은 세계 곳곳에서 펼쳐지는 문화, 지식, 아이디어의 교류를 위한 중심축입니다. 그러나 이 분야는 다른 많은 산업 분야와 마찬가지로 고유한 변화와 도전에 직면하고 있습니다. 특히 독립 저자와 중소 출판사들이 주도하는 자비출판은 출판사의 역할이 뚜렷하게 변화하고 있음을 보여주는 좋은 예입니다.

자비출판에서 출판사는 전통적인 방식에서 벗어나 출판 매니저의 역할을 수행하게 됩니다.
일반적으로 출판사는 원고의 수용 여부를 결정하고, 편집, 디자인, 인쇄, 배포 등의 과정을 모두 담당합니다. 그리고 이런 서비스를 제공하는 대가로 저작권을 소유하게 되는데, 이것이 전통적인 출판 모델입니다. 그러나 자비출판에서는 이런 과정이 크게 달라집니다.

자비출판에서 출판사는 결정권자나 주도적인 역할을 하지 않으며, 오히려 저자가 자신의 책을 성공적으로 출판하도록 돕는 파트너의 역할을 하게 됩니다. 이에 따라 출판사의 역할은 편집, 디자인, 인쇄, 배포 등의 일련의 과정을 총괄하고, 이들을 원활하게 진행하도록 조정하는 것에 초점을 맞춥니다.

이러한 역할 변화는 출판사에 새로운 도전과 기회를 줍니다. 출판사는 더는 원고를 심사하거나 선택하는 권한을 가지지 않기 때문에, 대신 저자들에게 출판을 원활하게 진행할 수 있도록 하는 전문적인 지원을 제공하는 것이 중요하게 됩니다. 이는 출판사가 자신들의 서비스를 개선하고, 더 많은 저자에게 그들의 서비스가 필요하다는 것을 보여주는 기회를 줍니다.

 또한, 출판 매니저로서 역할은 출판사에 더 개방적이고 유연한 접근 방식을 요구합니다. 출판사는 저자의 요구와 기대를 충족시키기 위해 출판 과정을 맞춤화하고, 다양한 장르와 스타일의 저작물에 대응할 수 있어야 합니다.

 결국, 자비출판은 출판사의 역할에 대한 새로운 관점을 제시합니다. 출판사는 통제와 관리의 역할에서 벗어나, 도움과 지원을 제공하는 역할로 이동하게 됩니다. 이런 변화는 출판 산업 전반에 미치는 영향은 물론, 우리가 책과 지식을 공유하는 방식에 대한 깊은 시사점을 제시합니다.

 또한, 자비출판의 장점인 더욱 높은 인세는 저자들에게 큰 동기 부여와 창작의 자유를 보장합니다. 저자와 독자 간의 직접적인 연결을 가능하게 하여 저자의 영향력을 증진시킵니다. 따라서, 저자로서 성공하고자 하는 사람들에게 자비출판은 고려해볼 가치가 있는 방법의 하나입니다.

저자의 독립성

우리는 책을 통해 이야기를 전달하고, 정보를 전파하며, 신념을 나눕니다. 책은 의미 있는 커뮤니케이션의 도구이며, 이것은 인류의 역사와 지식, 사상을 이어나가는 끈이기도 합니다. 책 출판의 세계는 자비출판을 포함해 다양한 방식으로 진화하고 있습니다. 여기서는 자비출판에서 유래하는 저자의 독립성에 초점을 맞추어 봅니다.

인간의 창조성과 발상은 종종 전통적인 방식으로는 수용하기 어려운 새로운 형태를 취하곤 합니다. 이러한 창조성이 가장 많이 표현되는 분야 중 하나가 바로 글쓰기입니다. 전통적인 출판 방식은 저자의 창조력을 이해하고 인정해주는 것이 중요하지만, 때로는 이러한 창조성이 충분히 인정받지 못하거나 제한될 수 있습니다. 이 때문에 자비출판이라는 선택지가 등장한 것이며, 이는 저자의 독립성을 더욱 부각합니다.

자비출판, 또는 셀프-퍼블리싱은 저자가 자신의 책을 출판하는 과정에서 모든 책임을 지는 것을 의미합니다. 이는 전통적인 출판사와의 계약 없이 직접 편집, 디자인, 인쇄, 마케팅 등을 처리하거나, 이러한 서비스를 제공하는 출판사에 의뢰하는 것이 포함됩니다. 그러나 이 접근법의 가장 큰 장점 중 하나는 저자의 독립성을 유지하면서 원하는 내용을 자유롭게 표현할 수 있다는 것입니다.

저자의 독립성을 강조하는 방식은 여러 가지가 있습니다. 먼저, 이 방식은 저자에게 저작물의 모든 측면에 대한 통제 권한을 부여합니다. 전통적인 출판 방식에서는 편집자나 출판사의 요구에 따라 콘텐츠를 변경해야 하는 경우가 많지만, 자비출판에서는 저자가 자신의 저작물에 대한 최종 결정권을 갖게 됩니다. 이는 그들의 창조적 표현이 물밑으로 침몰하는 것을 막아줍니다.

예술가의 창작 과정에는 그들 자신의 정신적, 사회적, 정치적 환경에 따라 이뤄집니다. 저자들은 그들의 생각과 믿음을 문장으로 표현하며, 이것이 바로 그들의 독창성과 창의성이 결합한 곳입니다. 자비출판은 이런 창조적인 과정에 대한 저자의 완전한 통제를 가능하게 합니다. 이것은 저자가 그들의 이야기를 자신의 방식대로 전달할 수 있게 하며, 전통적인 출판사에서 요구하는 시장적인 제약에서 벗어날 수 있게 합니다.

또한, 자비출판은 저자가 본인의 책을 언제 어떻게 출판할지 결정할 수 있는 자유를 줍니다. 일정한 시기에 저작물을 완성하고 출판해야 하는 강박감 없이, 저자는 창작 활동에 집중할 수 있습니다. 이는 저자가 창작 과정에 더욱 몰입하게 해주며, 자신만의 속도와 흐름에 따라 작업을 진행할 수 있게 합니다.

이러한 독립성은 저자에게 개인적인 의미뿐만 아니라 사회적인 가치도 부여합니다. 비주류 이야기, 마이너 그룹의 목소리, 대중문화와 상반되는 표현들은 종종 전통적인 출판 시스템에서 소외되곤 합니다. 자비출판은 이러한 이야기들이 출판되고, 읽히고, 사회적 다양성을 증진하는 힘이 있도록 합니다.

물론, 자비출판은 자신의 저작물을 성공적으로 출판하고 판매하는 큰 노력과 시간, 때로는 금전적인 투자가 필요합니다. 하지만 이를 위해 거래되는 것은 저자의 독립성, 창작의 자유, 그리고 자신의 이야기를 순수한 형태로 전달하는 기회입니다. 그 결과로 만들어진 책은 저자의 목소리가 가장 순수한 형태로 드러나는 곳이며, 이것이 바로 자비출판의 빛나는 장점입니다.

  따라서 자비출판은 불확실한 여정일지라도, 그것은 결국에는 저자가 자신의 이야기를 전달하는 가장 진정한 방식입니다. 그것은 창조적인 자유를 향한 모험이며, 독립적인 표현의 기회입니다.

출간의 주도권

인세가 높은 자비출판이 자신의 책이 많이 팔릴 확신이 있다면 유리한 이유는 다양하게 존재합니다. 출판업계에서 저자가 출판사에 직접 비용을 부담하며 책을 출간하는 방식인 자비출판은 최근 몇 년간 급격한 성장을 이루어냈다. 이 방식은 저자에게 큰 잠재력과 자유를 부여하지만, 동시에 큰 도전과 위험도 함께 따르는 것이 사실이다.

자비출판은 기존의 출판 모델과는 다른 점에서 주목할 만하다. 첫째로, 저자는 출판사의 미심쩍은 검토 절차를 거치지 않고 자신의 책을 출간합니다. 출판사는 일반적으로 많은 원고를 심사하는 과정을 거친 후 책을 선택하고 편집하는데, 이로 인해 일부 저자들은 자신의 아이디어나 저작물이 부정당하게 배제되는 경우가 발생합니다. 하지만 자비출판은 저자에게 출간의 주도권을 주기 때문에 이러한 제약에서 벗어날 수 있습니다. 자신의 책이 많은 사람에게 전달되길 원하는 저자라면, 자신의 아이디어를 충분히 발전시킬 기회가 되는 것입니다.

둘째로, 인세가 높은 자비출판은 저자에게 직접적인 이익을 가져다 줍니다. 기존의 출판 모델에서는 출판사가 저자에게 로열티(저작권료)를 지급하는 형태로 저자는 판매된 책의 일정 비율을 받는다. 하지만 자비출판에서는 저자가 출간 비용을 부담하기 때문에 출판사로부터 받는 로열티가 높아진다. 자신의 책이 많이 팔릴 확신이 있는 저자라면, 로열티를 통해 더 많은 수익을 낼 수 있다는 점이 큰 장점이다. 또한, 저자는 출간 비용을 미리 지급하므로 판매량에 따라 부담이 커지지 않는다는 이점도 있습니다.

하지만 자비출판은 큰 도전과 위험도를 수반한다는 점을 염두에 두어야 합니다. 첫째로, 출간 비용을 모두 자신이 부담해야 하므로 초기 투자 비용이 많이 들게 됩니다. 편집, 디자인, 인쇄, 마케팅 등 다양한 비용이 발생하며 저자는 이를 모두 처리해야 합니다. 따라서 출간에 필요한 자금을 미리 계획하고 준비해야 합니다. 둘째로, 자비출판에서는 저자도 책의 편집, 마케팅, 판매 등에 함께 노력해야 합니다. 출판사의 전문가들과 협업하여 자신의 능력과 노력으로 책을 알리고 홍보도 함께해야 합니다.

자신의 책이 많이 팔릴 확신이 있는 저자에게 인세가 높은 자비출판은 많은 이점을 안깁니다. 출판사의 제약에서 벗어나 자유롭게 아이디어를 표현할 수 있다는 장점이 있습니다. 하지만 이에는 도전과 위험도 따르므로 출간 비용과 자기 책임을 감수해야 합니다. 따라서 저자는 자신의 상황과 목표를 고려하여 결정을 내리는 것이 중요하다. 자신의 능력과 자신감을 가진 저자라면 인세가 높은 자비출판을 통해 자신의 책을 세상에 내보이는 도전을 해보는 것도 하나의 선택일 것입니다.

자비출판은 자신의 책이 많이 팔릴 확신이 있다면 유리한 선택일 수 있습니다. 이 방식은 저자에게 큰 잠재력과 자유를 부여하며, 출판사와의 협업하여 비교적 자유롭게 저작물을 출간할 수 있는 장점이 있습니다. 이에 더해 몇 가지 추가적인 이점들이 존재합니다.

첫째로, 자비출판은 저자의 창작 자유를 존중하며, 출판사의 비즈니스 목표와는 별개로 저작물을 출간할 기회를 줍니다. 출판사의 판매 예상을 고려하지 않아도 되기 때문에 저자는 자신의 창작적인 비전을 충실히 담은 책을 출간할 수 있습니다. 이는 독자들에게 더욱 진솔한 저작물을 전달할 기회로 이어집니다.

둘째로, 자비출판은 저자에게 출간 속도와 제어권을 보장합니다. 기존 출판 모델에서는 출판사의 일정과 우선순위에 따라 출간 일정이 결정되며, 저자는 출간까지 시간이 오래 걸릴 수 있습니다. 하지만 자비출판에서는 저자가 직접 출간 일정을 조율할 수 있고, 저작물의 수정과 편집에도 자유롭게 관여합니다. 저자는 독자들에게 빠르게 저작물을 제공하고 싶을 때 출간 일정을 유연하게 조정할 수 있습니다.

셋째로, 자비출판은 저자와 독자 간 직접적인 연결을 강조합니다. 출판사를 통한 중간 매개 역할도 있지만, 저자는 독자들과 직접 소통하고 상호 작용할 수 있습니다. 이는 저자와 독자 간의 관계를 튼튼히 하고, 독자들의 피드백과 응원을 실시간으로 받을 수 있는 장점으로 작용합니다. 저자는 독자들의 요구와 선호를 직접 파악하며, 이를 토대로 저작물의 진화와 개선에 반영할 수 있습니다.

강력한 저작권 보호

저작권을 임의로 정할 수 있는 자비출판은 저자의 창의적인 권리를 존중하고 보호합니다. 전통적인 출판사들은 종종 저작권을 소유하고 관리하는 경우가 많은데, 이는 저자의 저작물에 대한 통제력을 출판사에 양도하는 것을 의미합니다. 그러나 자비출판은 저자가 자신의 저작물에 대한 완전한 소유권과 통제권을 가질 수 있게 합니다. 이는 저자가 자신의 저작물에 대한 모든 결정을 내릴 수 있다는 의미입니다.

출판사의 기획출판에서는 일반적으로 저작물의 저작권과 관리 권한이 출판사에 양도됩니다. 출판사는 저작권을 소유하고, 이를 통해 저작물의 출판, 배포, 번역, 영화화 등의 활동을 결정합니다. 저자는 이러한 결정에 대한 통제력을 상당 부분 잃게 됩니다. 그러나 자비출판에서는 저자가 자신의 저작물에 대한 모든 저작권을 보유하게 됩니다. 이는 저자가 저작물의 복제, 배포, 판매, 수정 등 결정을 자유롭게 내릴 수 있다는 것을 의미합니다. 저자는 자신의 저작물을 어떻게 활용하고, 어떤 형태로 출판할지를 자유롭게 결정합니다.

또한, 자비출판은 저작물에 대한 소유권을 영구적으로 보장합니다. 기획출판에서 출판사들은 일정 기간 저작권을 보유하고, 이후에는 저작권이 저자에게 반환되기도 합니다. 그러나 자비출판에서는 저자가 저작물의 저작권을 소유하며, 이는 영구적으로 지속됩니다.

저작권의 소유권은 저작자에게 다양한 혜택을 부여하는 특권이며, 이 지적 재산권의 중요성을 강조합니다. 저자가 자신의 저작물에 대한 저작권을 소유하면 저작물의 배포에 대한 배타적인 통제권과 권한을 갖게 되며, 이는 다양한 이점과 기회를 줍니다.
저작권의 소유권은 저자에게 다양한 이점을 안기며 다양한 기회의 문을 열어주는 동시에 창작물을 보호하는 강력한 도구 역할을 합니다. 저작권의 정당한 소유자인 저자와 함께 이점의 영역이 그들의 손아귀를 기다리고 있습니다.

저작권 보유자로서 저자는 자신의 저작물을 복제, 배포 및 판매할 수 있는 권한을 보유하여 잠재적인 수입원을 제공합니다. 저자는 책의 재생산 및 배포를 통제함으로써 다른 출판사나 미디어 플랫폼에 저작물을 라이선스하는 등 창작물을 수익화하는 다양한 방법을 모색할 수 있습니다.

이 수준의 통제를 통해 자신의 창작물이 세상에 표시되는 방식을 결정합니다. 저자는 자신의 저작물이 전파되는 형식, 매체 및 플랫폼을 결정할 권한이 있습니다. 이 자율성은 저자가 자신의 비전에 따라 배포 프로세스를 조정할 수 있도록 하여 예술적 의도가 그대로 유지되도록 합니다.

또한, 저작권은 무단 사용이나 침해로부터 저자의 저작물을 보호하는 법적 보호막 역할을 합니다. 허가 없이 창작물을 이용하거나 이익을 얻으려는 사람들에 대해 법적 조치를 할 수 있는 능력을 그들에게 부여합니다. 이 보호는 저자의 예술적 무결성을 보호할 뿐만 아니라 자신의 작업을 침해하기 전에 두 번 생각할 수 있는 잠재적인 침해자를 억제하는 역할을 합니다.

저작권을 소유하면 작성자는 자신의 저작물이 다른 사람에 의해 사용되거나 수정되는 조건을 지시할 수 있는 권한을 갖게 됩니다. 이로 인해 저자에게 지속 가능한 수입원을 제공하는 로열티가 발생합니다. 또한, 저작권은 저자가 자신의 권리를 판매하거나 이전할 수 있는 능력을 촉진하여 수익성 있는 거래 및 파트너십 가능성을 제공합니다.

저자는 원본 창작물을 기반으로 번역, 각색 또는 파생물에 대한 허가를 부여하거나 거부할 권리가 있습니다. 이 컨트롤을 통해 저자는 작업의 무결성을 보호할 수 있을 뿐만 아니라 다른 제작자와 공동 작업을 수행하거나 스토리텔링을 위한 다양한 매체를 탐색할 수도 있습니다. 예를 들어, 저자는 영화 제작자와 협력하여 자신의 이야기를 화면으로 가져오거나 자신의 저작물을 연극이나 그래픽 소설로 각색할 수 있습니다.

또한, 저작권 소유권은 저자가 저작물의 홍보 및 마케팅을 통제할 수 있는 권한을 부여합니다. 책 홍보 방법을 선택하고, 표지 디자인을 결정하고, 마케팅 전략에 대해 출판사와 협력할 수 있습니다. 이러한 수준의 참여는 저자의 비전이 충실하게 표현되도록 보장하고 저자가 대상 청중에게 효과적으로 도달하도록 책 홍보를 조정할 수 있도록 합니다. 오늘날의 디지털 시대에 저자는 소셜 미디어, 온라인 플랫폼 및 다양한 마케팅 기술을 활용하여 저작물의 가시성과 독자층 성공을 확보 수 있습니다.

저작권을 소유하면 저자의 명성과 유산을 확립하고 유지합니다. 저작물에 대한 소유권을 유지함으로써 저자는 시간이 지남에 따라 일관된 저작물을 구축하고 인식하는 브랜드를 만들고 충성도 높은 독자층을 개발할 수 있습니다. 저작권 보호를 통해 저자는 무단 복제, 표절 또는 침해로부터 자신의 저작물을 보호하여 창작물의 무결성을 유지하고 청중의 신뢰와 존경을 유지합니다.

결론적으로 자신의 문학 저작물에 대한 저작권을 소유하면 저자에게 다양한 혜택이 부여됩니다. 다양한 출판 모델을 통한 금전적 이득에서 창의적인 통제력 유지 및 마케팅 전략 감독에 이르기까지 저작권 소유자는 책의 운명에 중대한 영향을 미칩니다. 또한, 저작권을 통해 저자는 자신의 저작물을 보호하고 다른 아티스트와 협업하며 지속적인 명성을 쌓을 수 있습니다. 지적 재산의 궁극적인 관리인으로서 저자는 자신의 목소리가 독자의 공감을 얻고 성공의 잠재력과 지속적인 문학적 유산을 부여함으로써 창작물의 운명을 형성할 수 있는 권한을 부여받습니다.

창작자의 자유

자비출판은 현대 출판업계에서 많은 주목을 받는 출판 형식입니다. 이러한 형식은 창작자에게 많은 자유를 부여하여 저자의 목소리와 비전을 자유롭게 표현할 수 있습니다. 이와 비교하여 전통출판은 저자의 저작물을 다양한 규정과 제한으로 둘러싸인 형태로 출판하는 경향이 있습니다.

자비출판은 창작자에게 큰 자유를 보장합니다. 저자는 자신의 저작물을 원하는 대로 편집하고 디자인하도록 요구할 수 있습니다. 이는 저자가 자신의 이야기를 완벽하게 전달하고 독자와의 직접적인 연결을 형성할 기회를 줍니다. 저자는 다양한 형식의 글을 출판할 수 있으며, 어떠한 주제와 관점에 대해서도 자유롭게 표현합니다.

자비출판은 출판 과정에서 저자와 독자 사이에 직접적인

상호작용을 가능하게 합니다. 저자는 독자들과의 소통을 통해 피드백을 받을 수 있으며, 이는 저작물의 발전과 성장에 큰 도움이 됩니다. 독자들은 저자와의 직접적인 연결을 통해 저작물에 대한 이해를 깊이 있게 도모할 수 있고, 저자도 독자들의 의견과 반응을 수용하여 저작물을 보완하고 발전시킬 수 있습니다.

자비출판은 저자에게 출판 과정에서의 큰 개입을 허용합니다. 전통출판에서는 저자의 저작물을 출판사가 결정하는 방식으로 진행되지만, 자비출판에서는 저자가 출판과 관련된 모든 결정을 스스로 내릴 수 있습니다. 저자는 책의 디자인, 편집, 마케팅, 판매 등을 직접 개입하며, 자신의 저작물에 대한 완전한 통제력을 가지게 됩니다.

자비출판은 다양성과 혁신을 장려합니다. 전통적인 출판 형식에서는 출판사가 상업적인 기준과 관습에 따라 저작물을 선택하고 출간하는 경향이 있습니다. 하지만 자비출판은 저자의 다양한 의견과 관점을 수용하고, 새로운 주제와 형식의 저작물을 출판할 수 있습니다. 이는 문학적, 사회적, 문화적인 다양성과 출판산업에 혁신을 일으킬 잠재력을 가지고 있습니다.

자비출판은 이처럼 창작자에게 많은 장점을 안깁니다. 저자는 자신의 목소리와 비전을 자유롭게 표현하며, 독자와의 직접적인 상호작용을 통해 저작물을 발전시킵니다. 또한, 출판 과정에서의 개입을 통해 저자는 자신의 저작물에 대한 완벽한 통제력을 가지게 됩니다.

이러한 장점들은 자비출판의 매력을 높이고 있으며, 이 출판 형식이 더 많은 저자에게 선택되고 인정받을 것으로 기대됩니다. 자비출판은 저자의 자유를 최우선으로 존중하며, 저자와 독자 사이의 연결을 강화하는 효과적인 방법입니다. 따라서 자비출판은 저자들 사이에서 점점 더 인기를 얻고 있습니다. 창작자의 자유와 경제적인 이점, 출판 시간 단축, 다양성과 혁신의 장려 등 다양한 장점들이 저자들에게 매력적으로 다가오고 있으며, 이러한 출판 형식의 장래가 밝을 것으로 기대됩니다.

출판 시간 단축

출판사의 기획출판 방식과 비교하여 자비출판의 장점인 출판 시간의 단축은 매우 혁신적이고 효과적인 방법입니다. 이러한 방식은 저자들에게 엄청난 장점을 안기며, 출판업계 전체에 긍정적인 영향을 미치고 있습니다.

먼저, 자비출판은 저자들이 저작물을 빠르게 출판할 수 있습니다. 이는 저자들이 큰 출판사의 엄격한 절차나 장기적인 기다림 없이 자신의 저작물을 독자들에게 빠르게 전달하는 수단이 됩니다. 저자는 자신의 스케줄과 시간에 맞춰 출판을 결정할 수 있으며, 저작물의 아이디어와 열정이 여러 단계의 승인 과정을 거치지 않고 직접 독자에게 전달됩니다.

자비출판은 저자와 독자 간의 직접적인 연결을 강조합니다. 저자는 독자들과 더 가까이 소통하고 상호작용할 수 있으며, 독자들은 저자의 저작물에 대한 의견을 직접 전달하고 피드백을 제공합니다. 이러한 상호작용은 저작물의 품질 향상과 독자들의 만족도 증대를 끌어냅니다. 또한, 저자는 자신의 저작물에 대한 판매 현황과 독자의 반응을 실시간으로 확인할 수 있어, 향후 저작물 개발이나 마케팅 전략 결정을 더욱 빠르고 효과적으로 내립니다.

자비출판은 저자들에게 더 많은 수익 창출의 기회를 줍니다. 전통적인 출판사는 저자와의 계약을 통해 저자에게 돌아가는 로열티가 일반적으로 상대적으로 낮지만, 자비출판은 저자들에게 저작물에 대한 수익을 더욱 높은 비율로 제공합니다. 저작물이 성공적으로 판매되는 경우 충분한 경제적 보상을 받습니다.

자비출판의 출판 시간의 단축은 저자들에게 엄청난 자유와 유연성을 보장하며, 독자들과의 직접적인 상호작용과 수익 창출의 기회를 확대합니다. 이러한 혁신적인 방식은 출판 업계에 새로운 에너지를 불어넣고, 저자들과 독자들 사이의 관계를 더욱 튼튼히 합니다. 따라서, 자비출판은 현대 출판의 미래를 형성하는 데 있어서 가치 있는 전략이라고 할 수 있습니다.

자비출판은 출판 과정에서의 자율성을 증대시킵니다. 출판사에 의존하지 않고 자신의 일정에 맞게 출판 작업을 진행하기 때문에 저자는 출판 일정을 조율할 수 있습니다. 더불어 출판사와의 협의 과정이 필요하지 않으므로 출판 과정이 간소화되고, 저자는 자신의 비전을 보다 효과적으로 실현할 수 있습니다.

자비출판의 장점 중 출판 시간의 단축은 출판 환경에 혁신적인 변화를 가져왔습니다. 이제 저자는 자신의 책을 더욱 빠르고 효율적으로 출판할 수 있으며, 출판 과정에서의 자율성을 확보합니다. 출판 시간의 단축은 저자에게 독자와의 신속한 소통과 수익 창출의 기회를 제공하여 출판 활동의 성공 가능성을 크게 향상시킵니다. 따라서 자비출판은 현대 저작자들에게 매력적인 선택지로 작용하고 있습니다.

저자가 부담하는 제작비용은 투자의 개념이다

　출판은 많은 사람에게 꿈과 창작의 기회를 부여하는 놀라운 매개체입니다. 오랜 세월 동안 저자들은 저작물을 출판하고 독자들과 만나는 순간을 꿈꿔왔습니다. 그러나 출판과 관련된 비용은 언제나 신경을 쓰게 되는 문제였습니다. 특히, 자비출판과 같은 형태의 출판에서는 저자가 제작비용을 부담해야 합니다. 하지만 이러한 비용 부담은 투자의 개념으로 바라볼 수 있습니다.

　우선, 출판을 위해 비용을 부담하는 것은 자신의 저작물에 대한 투자입니다. 저자는 글을 쓰고 완성된 저작물을 세상에 알리기 위해 출판을 선택합니다. 이러한 선택은 자신의 노력과 열정을 표현하고 독자와의 연결을 찾기 위한 투자입니다. 저자는 출판을 통해 자신의 저작물이 세상에 공개되고 인정받을 기회를 얻게 됩니다. 따라서, 제작비용을 부담하는 것은 저자의 자신과 저작물에 대한 신뢰와 투자로 볼 수 있습니다.

저자가 제작비용을 부담하는 것은 자기계발에 대한 투자로도 이해할 수 있습니다. 출판 과정에서 저자는 다양한 전문가와 협업하게 됩니다. 편집자, 일러스트레이터, 디자이너 등 다양한 전문가들과의 협업은 저자의 저작물을 더욱 전문적이고 매력적으로 만들어줍니다. 이러한 협업은 저자 스스로 성장과 발전에 큰 도움을 주게 됩니다. 제작비용을 부담하면서 전문가들과 협력하며 저자는 자신의 저작물을 더욱 완성도 있게 만들고자 하는 열망을 보여줍니다. 따라서, 제작비용을 부담하는 것이 저자 자신을 향한 투자이기도 합니다.

제작비용을 부담하는 것은 저자의 금전적 투자로도 이해해도 됩니다. 출판은 비용이 많이 드는 작업입니다. 편집, 인쇄, 배포 등 다양한 단계에서 돈이 들어가게 됩니다. 자비출판에서 저자가 비용을 부담하면, 저자는 자신의 저작물을 출간하기 위해 돈을 투자하는 것입니다. 이는 저자가 자신의 저작물에 대한 가치와 잠재력을 믿고 있음을 보여줍니다. 돈을 투자함으로써 저자는 자신의 저작물이 성공을 거둘 수 있다는 믿음을 표현하는 것입니다.

자비출판에서 제작비용을 투자하는 것은 저자에게 다양한 이점을 안깁니다.

제작비용을 부담하는 것은 저자의 저작물을 더 넓은 독자들에게 홍보하고 마케팅하는 기회를 줍니다. 출판된 책은 효과적인 마케팅과 홍보가 필수적입니다. 하지만 이를 위해서는 비용이 필요합니다. 저자가 제작비용을 투자하면 출판사는 해당 저작물에 대한 홍보와 마케팅을 더욱 집중할 수 있습니다. 독자들은 그 저작물을 쉽게 찾을 수 있고, 저자의 목소리가 더 널리 퍼지게 됩니다. 따라서, 제작비용 투자는 저자의 저작물을 성공적으로 홍보하고 독자들에게 전달하는 데 도움을 주는 중요한 요소입니다.

제작비용을 투자하는 것은 저자의 자부심과 자신감을 향상시키는 역할을 합니다. 저자는 자신의 저작물을 출간함으로써 자신을 세상에 어필하고, 자신의 능력과 잠재력을 인정을 받고 싶어 합니다. 이를 위해 제작비용을 부담하는 것은 저자가 자신과 저작물에 대한 자부심을 나타내는 행동입니다. 저자는 자신의 저작물에 충분한 가치를 두고, 그에 대한 투자를 아끼지 않으며, 이를 통해 자신의 자신감을 강화시키는 것입니다. 저자는 제작비용을 투자하는 과정에서 자신의 능력과 열정을 실현하는 동시에, 독자들의 인정과 사랑을 받는 쾌감을 느낄 수 있습니다.

　이렇듯, 자비출판에서 제작비용을 투자하는 것은 저자에게 투자의 개념을 가진 의미 있는 선택입니다. 저자는 자신과 저작물을 믿고, 자신의 성장과 성공을 위해 비용을 부담하며 도전하는 것입니다. 출판은 저자의 꿈과 열정을 실현하는 수단이며, 제작비용을 투자하는 것은 그 여정을 더욱 풍요롭게 하는 핵심적인 요소입니다.

개인의 소셜 미디어와 온라인 커뮤니티 시대, 절대 자비출판은 안 한다?

현대 사회에서는 개인의 소셜 미디어와 온라인 커뮤니티가 두드러진 활성화를 보입니다. 이러한 환경에서, 저자로서 성공을 이루고자 한다면, 자비출판에 대한 견해를 반드시 재고해야 합니다. 개인의 소셜 미디어와 온라인 커뮤니티는 더는 무시할 수 없는 힘을 지니고 있으며, 이를 활용하지 않는다면 저자로서의 성공 기회를 놓치게 될 것입니다.

과거에는 저자들이 책을 홍보하고 판매하기 위해서는 출판사와의 협력이 필수적이었습니다. 출판사는 출판된 저작물을 홍보하고 저자를 대중에 알리기 위해 광고, 서평, 저자와의 만남 등 다양한 마케팅 전략을 펼쳤습니다. 이러한 홍보 노력은 저자와 책의 성공을 위해 중요한 역할을 했지만, 동시에 많은 제약도 가지고 있었습니다. 출판사의 예산, 제한된 광고 공간, 출판사의 결정에 의한 홍보 전략 등은 일정한 한계가 존재하였습니다.

하지만 현대에는 소셜 미디어와 온라인 커뮤니티의 발전으로 인해 이러한 한계가 크게 완화되었습니다. 자비출판 저자들은 자신의 소셜 미디어 계정을 통해 직접 독자들과 소통하고, 책의 내용, 배경 이야기, 작업 과정 등을 공유할 수 있습니다. 또한, 저자는 온라인 커뮤니티에서 독자들과 대화하고, 자신의 책을 소개하고 추천할 수 있습니다. 이렇게 개인의 소셜 미디어와 온라인 커뮤니티를 통해 저자는 출판사의 도움 없이도 자신의 책을 홍보하고 판매할 수 있게 되었습니다.

이러한 개인의 소셜 미디어와 온라인 커뮤니티를 통한 홍보 방법은 매우 강력합니다. 소셜 미디어 플랫폼은 수많은 사람이 모여있고, 다양한 관심사와 취향을 가진 사용자들이 활동합니다. 이는 저자에게 폭넓은 독자층을 제공하고, 책을 다양한 사람들에게 알릴 기회를 줍니다. 소셜 미디어는 정보를 신속하게 전달하고 공유하는데 탁월한 도구이므로, 자비출판 저자는 책 출간 소식이나 이벤트 등을 신속하게 홍보합니다.

또한, 온라인 커뮤니티에서 저자는 직접 독자와 소통할 수 있습니다. 독자들은 저자와의 대화를 통해 더 깊은 이해와 관계를 형성할 수 있으며, 이는 독자들이 저자의 책에 더욱 관심을 두게 합니다. 저자가 온라인 커뮤니티에서 적극적으로 참여하고 독자들과의 관계를 소중히 여긴다면, 이는 저자의 명성과 신뢰도를 높일 뿐만 아니라, 독자들에게 책을 구매하고 읽을 동기를 부여하게 됩니다.

하지만 이러한 자유로운 홍보 방법에는 몇 가지 주의해야 할 점이 있습니다. 소셜 미디어와 온라인 커뮤니티는 자유롭게 의견을 표명하는 공간이므로, 저자는 자신의 책을 홍보할 때 과도한 자기 홍보나 스팸성 광고를 피해야 합니다. 독자들은 진실성과 진정성을 중요하게 여기며, 자신들의 관심과 신뢰를 얻으려는 노력을 기대합니다. 따라서 저자는 소셜 미디어와 온라인 커뮤니티를 통해 자신의 책을 홍보할 때, 독자들과의 소통과 상호작용을 중요시하고, 성실한 태도를 유지해야 합니다.

소셜 미디어와 온라인 커뮤니티는 저자에게 더 넓은 시장과 독자층을 제공합니다. 이전에는 출판사의 한정된 네트워크를 통해 독자와 연결되었지만, 이제는 인터넷을 통해 전 세계 어디에서나 자신의 저작물을 알리고 판매할 수 있습니다. 온라인 커뮤니티는 저자와 독자 사이의 경계를 허물어주고, 다양한 의견과 아이디어를 공유하는 플랫폼을 제공합니다. 이는 저자에게 더 많은 창작 영감을 주고, 다양한 관점에서의 피드백을 받을 기회를 줍니다.

물론, 소셜 미디어와 온라인 커뮤니티를 통한 저자의 성공은 쉽지 않습니다. 너무 많은 정보와 경쟁이 존재하기 때문에 저자는 독자의 관심을 끌기 위해 창의적인 방법과 마케팅 전략을 도입해야 합니다.

소셜 미디어와 온라인 커뮤니티를 통한 저자의 성공은 단기적인 것이 아닙니다. 시간과 노력이 필요하며, 지속적인 활동과 관계 구축이 필요합니다. 그러나 이러한 노력은 저자에게 큰 보상을 줄 것입니다. 개인의 소셜 미디어와 온라인 커뮤니티는 저자에게 전 세계적인 영향력을 제공하며, 자신의 저작물을 알리고 독자들과의 연결을 형성합니다.

소셜 미디어와 온라인 커뮤니티는 저자와 독자 간의 관계를 보다 튼튼히 하는 도구로 작용합니다. 저자는 소셜 미디어를 통해 독자들과의 대화를 끌어내고, 독자들의 의견과 요구를 듣고 수용할 수 있습니다. 이러한 상호작용은 저자와 독자 간의 신뢰와 지지를 증진하며, 저자의 저작물에 대한 관심과 지지를 독자들에게 전달할 기회를 줍니다.

또한, 소셜 미디어와 온라인 커뮤니티는 저자에게 새로운 창작 기회를 줍니다. 예를 들어, 저자는 온라인 플랫폼을 활용하여 독자들과 함께 저작물을 공동으로 창작하거나 플롯 아이디어를 모집할 수 있습니다. 또는 저자는 소셜 미디어를 통해 저작물에 대한 미리 보기를 공개하거나 이벤트를 개최하여 독자들의 흥미와 참여를 유도할 수 있습니다. 이러한 창작 기회는 저자의 창의성을 더욱 높이고, 저작물의 품질을 향상하는 잠재력을 지니고 있습니다.

따라서, 현대에는 개인의 소셜 미디어와 온라인 커뮤니티가 활성화된 상황에서, 출판사에 의존하지 않고 저자로서 성공하려면 이러한 플랫폼을 적극적으로 활용해야 합니다. 저자는 자신의 저작물을 소셜 미디어를 통해 널리 알리고, 온라인 커뮤니티에서 독자들과 소통하며, 그들의 피드백과 의견을 적극적으로 수용해야 합니다. 이를 통해 저자는 더 넓은 독자층을 얻을 수 있을 뿐만 아니라, 자신의 글로 인류에게 영감을 주는 창작자로서의 성공을 이룰 수 있을 것입니다.

그러나 이러한 자유로운 홍보 방법을 사용할 때에는 독자들의 관점과 기대를 고려하고, 진실성과 성실성을 유지하는 것이 중요합니다. 개인의 소셜 미디어와 온라인 커뮤니티는 저자들에게 많은 기회를 부여하지만, 이를 올바르게 활용하는 데에 주의를 기울여야 합니다.

자비출판에서 저자와 출판사의 윈윈(win-win)하는 전략

저자와 출판사 사이의 관계는 출판업계의 중요한 축 중 하나입니다. 그러나 종종 이 둘 사이에는 갈등이 발생하며, 이는 양측에 손해를 입힙니다. 그렇다면 저자와 출판사가 상호 협력하여 윈윈하는 전략은 어떤 것이 있을까요?

먼저, 저자와 출판사 간의 소통은 매우 중요합니다. 출판사는 저자의 저작물을 출판하여 수익을 창출하고자 합니다. 따라서 출판사는 저자의 의견을 듣고 존중해야 합니다. 저자는 자신의 저작물에 대한 비전과 아이디어를 출판사와 공유할 수 있어야 합니다. 이를 통해 출판사는 저작물을 더 잘 이해하고 적합한 마케팅 전략을 수립합니다. 또한, 출판사는 저자에게 출판 과정에 대한 정보를 제시하여 협력을 강화할 수 있습니다.

둘째, 저자와 출판사는 이익 분배에 대한 공정한 협상을 진행해야 합니다. 저자는 자신의 저작물을 출판사에 맡기고 수익으로 이어지기를 원합니다. 출판사는 비용을 지출하고 수익을 창출하는 책임이 있습니다. 이러한 이해관계를 바탕으로, 양측은 협상을 통해 상호 합의된 이익 분배 방식을 도출해야 합니다. 이익 분배가 공정하고 명확하다면, 저자와 출판사는 더 긍정적인 관계를 형성하고 협력을 이어갈 수 있습니다.

또한, 출판사는 저자의 프로모션과 마케팅을 적극적으로 지원해야 합니다. 저작물의 성공은 출판사와 저자에게 모두 이익을 가져다줄 것입니다. 출판사는 자체적으로 저자의 저작물을 광고하고 홍보하는 노력을 기울여야 합니다. 또한, 온라인 플랫폼과 소셜미디어 등을 활용하여 저작물을 널리 알릴 수 있습니다. 이를 통해 저자는 더 많은 독자에게 도달하고 저작물의 인지도를 높이며, 출판사는 더 많은 판매량을 기록할 수 있습니다.

출판사는 저자의 창작 과정을 존중하고 지원해야 합니다. 저자는 자신의 저작물에 대한 비전과 이야기를 출판사와 함께 현실로 만들기 위해 노력합니다. 출판사는 이러한 창작 과정을 존중하고 지원함으로써 저자와의 신뢰 관계를 형성해 갑니다. 출판사는 저자에게 피드백을 제공하고 편집과 수정을 도와줌으로써 저작물의 질을 향상시킬 수 있습니다. 또한, 출판사는 저자의 창작 활동을 적극적으로 지원하여 저자가 더 나은 저작물을 창작하도록 돕는 역할을 해야 합니다.

또한, 저자와 출판사 간의 계약 조건에 대한 명확한 협의도 윈윈전략의 핵심입니다. 출판사는 저자와의 계약을 철저히 검토하여 양측의 이익을 보호해야 합니다. 독자적 저작권, 로열티, 출판사의 판매 및 마케팅 의무 등에 대한 사항은 상호 협상을 통해 명확하게 정해져야 합니다. 이를 통해 저자는 자신의 저작물에 대한 보호와 공정한 보상을 받을 수 있으며, 출판사는 적절한 이익을 얻을 수 있습니다.

또한, 출판사는 저자의 저작물 개발에 대한 지원을 제공할 수 있습니다. 예를 들어, 저자가 새로운 아이디어나 소재를 개발하고자 할 때 출판사는 창작 과정에서의 조언이나 리서치 지원을 할 수 있습니다. 또한, 출판사는 저자와의 교류를 통해 출판계의 최신 동향이나 시장 요구사항을 공유하여 저자가 더 많은 독자에게 다가가도록 도와주기도 합니다. 이러한 지원은 저자의 창작 역량을 향상시키고 저작물의 질을 높이며, 출판사는 창작 활동의 성과를 더욱 효과적으로 이어가게 됩니다.

저자와 출판사는 상호 신뢰와 협력을 위해 지속적인 관계를 구축해야 합니다. 출판사는 저자를 소중한 자산으로 여기고 저자와의 관계를 장기적으로 발전시키는 노력을 기울여야 합니다. 이를 위해 출판사는 저자와의 정기적인 회의나 의견 교환을 통해 소통을 강화하고, 문제 또는 갈등이 생겼을 때 신속하고 공정한 해결책을 찾아야 합니다. 또한, 출판사는 저자의 성공을 지속으로 지원하며, 저작물의 출판 후에도 저자와의 관계를 유지하여 향후 저작물들을 함께 개발하고 출판할 수 있도록 합니다.

따라서 저자와 출판사 간의 윈윈(win-win)전략은 상호 협력과 이익 분배의 공정성, 프로모션 및 마케팅 지원, 창작 과정의 존중과 지원으로 이루어집니다. 이러한 전략을 통해 저자와 출판사는 더 긍정적이고 효과적인 협력을 이루며, 저작물의 성공과 독자들의 만족을 동시에 얻을 수 있습니다.

계약 조건의 명확한 협의, 저작물 개발에 대한 지원, 지속적인 관계 유지 등을 포함합니다. 이를 통해 저자는 자신의 저작물을 보호하고 성장시키며, 출판사는 저자와의 협력을 통해 더 큰 성과를 얻을 수 있습니다. 이러한 윈윈전략은 출판업계에서 지속적인 성공과 긍정적인 관계 형성을 위한 필수적인 전략입니다. 저자와 출판사가 함께 협력하고 서로를 지원하는 과정에서, 독자들은 풍부하고 흥미로운 저작물을 만나게 되며, 출판산업 전체가 성장할 수 있습니다. 출판업계에서 이러한 윈윈전략을 추구하는 것은 장기적인 성공을 위한 필수적인 요소입니다.

3부

저자가 성공하기 위한 프로젝트

반항하며 마인드를 바꿔라

　무한한 가능성의 바다, 자비출판은 다양성과 포용성을 증진하는 역할을 합니다. 기존 출판 시스템은 주로 상업적인 가치나 대중의 선호를 우선시하며, 다양한 의견과 문화적 배경을 반영하기 어려운 경우가 있습니다. 하지만 자비출판은 저자들이 자신의 고유한 경험과 시각을 자유롭게 표현하는 공간을 제공합니다. 이는 다양성을 존중하고 포용하는 사회의 구축에 기여하게 됩니다.

　고정관념에서 반항적으로 탈피하면, 우리 개개인뿐만 아니라 사회 전반에도 이로운 영향을 끼칩니다. 우리는 무의식적으로 고정된 관념의 지배를 받아 행동하고 사고하는 경향이 있습니다. 하지만 이러한 마인드는 우리의 창의성과 자율성을 제한하고, 진정한 성공과 개인적인 만족을 도달하는 데 방해가 됩니다.

고정관념을 벗어나려면 먼저 자신의 생각과 행동을 자각해야 합니다. 우리는 어떤 규범이나 관습이 왜 존재하는지, 그것이 우리에게 어떤 영향을 미치는지 의식적으로 고민해야 합니다. 이러한 자각을 통해 우리는 우리 자신의 가치와 목표에 따라 행동하는 선택권을 가집니다.

따라서 우리는 자기 개선의 의지와 욕구를 갖고 자신의 한계에 도전하는 용기를 가져야 합니다. 고정관념 너머에는 창조의 세계가 펼쳐져 있습니다. 편리하고 안전한 선택을 넘어서서 새로운 도전과 경험을 추구해야 새로운 창조를 이루는 것입니다. 고정관념은 몹시 안일한 마인드입니다. 편안한 영역을 탈피하여 불안과 불편함을 감수해야, 이를 통해 새로운 아이디어와 관점을 얻고 성장해 갑니다.

우리는 다양한 관점과 경험을 탐구하고 받아들여야 합니다. 고정관념이라는 족쇄를 풀고 새로운 아이디어와 문화를 탐색하며, 타인의 의견과 경험에도 개방적으로 대할 필요가 있습니다. 이를 통해 우리는 편견을 깨고 새로운 시각을 개발하며, 창의적인 해결책을 발견할 수 있습니다. 이것이 성공으로 가는 길입니다.

고정관념을 바꾸기 위해서는 실패를 바라보는 마인드를 변화시켜야 합니다. 대부분 실패를 회피하려고 하지만, 실패는 성공의 밑거름이 됩니다. 실패를 통해 배우고 성장하는 기회를 놓치지 말아야 합니다. 목적을 달성하기 위해서는 실패를 받아들이고 극복하는 용기가 필요합니다. 실패를 경험하고 그로부터 교훈을 얻는 자세가 우리 인생을 더욱 풍요롭게 해줄 것입니다.

따라서 실패를 두려워해서는 안 됩니다. 고정관념은 보통 안전하고 익숙한 선택을 하도록 유도합니다. 하지만 성공과 혁신은 위험과 실패를 동반합니다. 우리가 안전한 영역을 벗어나 새로운 시도를 하고, 실패를 통해 배우며 성장할 때, 우리는 현실의 벽을 뛰어넘을 수 있습니다.

우리는 개인적인 자율성과 독립적인 사고를 강조해야 합니다. 우리는 자신의 가치와 역량을 믿고, 자기 결정권을 존중해야 합니다. 고정관념은 종종 다른 사람들이 만들어 놓은 틀을 따르도록 유도하며, 개인의 자율성을 제한합니다. 우리는 자신의 목표와 가치에 따라 행동하고, 자신의 의견과 아이디어를 확신하며 표현할 수 있어야 합니다.

고정관념을 바꾸기 위해서는 지속적인 학습과 개발에 주의를 기울여야 합니다. 우리는 계속해서 새로운 것을 시도하며 배우고 발전해야 합니다. 성공한 사람들은 항상 자기계발에 힘쓰고 지식을 쌓아왔습니다.

고정관념을 바꾸기는 쉬운 일이 아닙니다. 하지만 이 차꼬를 풀어낼 때 우리는 새로운 가능성과 성장의 길을 열 수 있습니다. 인간은 반항하면서 성장하는 법입니다. 반항하지 못하면 우린 그 틀을 세워둔 이들의 의식 아래 놓여 살게 됩니다. 무의식적으로 자신의 의식을 지배당하며 살아간다는 뜻입니다. 자비출판은 이러한 변화와 성장을 도와주는 중요한 역할을 합니다. 성공의 사유지, 자비출판에는 꿈이 가득 차 있습니다. 이 책을 통해 그 꿈을 이룩하기 위한 승리의 퍼즐을 맞춰가길 바랍니다.

책을 홍보하는 저자의 자세와 각오

책을 출판하는 것은 심장을 열고 속살을 드러내는 것과 같은 일입니다. 이는 자기의 생각과 느낌, 경험과 지식을 종이 위에 새기는 순간, 저자의 내면세계가 외부 세계와 결합하는 태동이라고 할 수 있습니다.

책을 성공적으로 홍보하려면 무엇보다 강한 자세와 각오가 필요합니다. 이는 결코 쉬운 일이 아니며, 실패와 좌절, 끊임없는 고민과 노력이 필요한 일입니다. 그러나 이 모든 어려움이 자신의 이야기를 세상에 퍼뜨리는 강력한 동력이 됩니다.

저자로서 책을 출판하고 성공하기는 결코 쉬운 일이 아닙니다. 출판시장은 매우 경쟁적이고 포화되어 있으며, 많은 저자가 자신의 저작물을 세상에 알리기 위해 노력하고 있습니다. 따라서, 책을 홍보하고 판매량을 높이기 위해서는 저자로서 자세와 각오가 필요합니다.

가장 먼저, 저자는 자신의 저작물에 대한 자신감을 가져야 합니다. 저자는 자신의 책이 독자들에게 가치 있는 내용을 전달한다고 믿어야 합니다. 자신의 글쓰기 기술과 창의력을 자랑스럽게 여기고, 독자들에게 유익한 경험을 선사한다고 자부할 때, 책을 홍보하는데 더 큰 자신감을 갖게 됩니다. 책을 홍보하는 데 있어 저자의 열정과 진심도 필수적입니다. 자신의 책을 사랑하고 믿는 저자만이 독자에게 그 사랑을 전달합니다. 책에 대한 자신의 열정을 끊임없이 표현하며, 이를 통해 독자에게 책의 가치를 전달하는 것이 중요합니다.

  저자는 책을 만드는 것만으로 충분하지 않다는 것을 알아야 합니다. 책을 홍보하고 판매량을 높이기 위해서는 노력과 시간이 필요합니다. 이는 일종의 마케팅 작업이며, 저자는 자신의 저작물을 알리기 위해 다양한 방법을 고려해야 합니다. 예를 들어, 소셜 미디어를 활용하여 독자들과 소통하고 책을 홍보합니다. 또한, 출판사와 협력하여 책 발매 이벤트를 기획하거나, 블로그나 매체에 기고문을 작성하여 독자들의 관심을 끌어야 합니다.

  또한, 저자로서 책을 홍보하고 성공하기 위해서는 목표와 전략을 수립해야 합니다. 어떤 독자들을 대상으로 책을 홍보할 것인지, 어떤 채널과 방법을 통해 홍보할 것인지를 결정하는 것이 필요합니다. 독자들의 관심사와 요구에 맞게 책을 홍보하고, 온라인 커뮤니티, 독서 클럽, 이벤트 등을 활용하여 타겟 독자들에게 직접 다가갈 수 있습니다.

저자는 네트워킹의 중요성을 알아야 합니다. 다른 저자들이나 출판 관계자들과의 관계를 구축하고 유지하는 것은 책을 홍보하고 판매량을 높이는 데에 큰 도움이 됩니다. 저자 커뮤니티에 참여하거나 저자들의 모임에 참석하여 다른 저자들과의 교류를 통해 자신의 책을 알리고 서로의 저작물을 공유하며 발전하는 것입니다. 또한, 출판사나 독서 기획자들과의 관계도 중요한데, 이들과의 소통을 통해 책을 홍보하고 추천받을 수 있습니다.

저자는 계속해서 자기계발과 학습을 추구해야 합니다. 출판시장은 끊임없이 변화하고 발전하며, 독자들의 취향과 요구도 변화합니다. 따라서, 저자는 시장 동향을 주시하고 독자들의 변화하는 Bed to Keep 취향을 이해하기 위해 지속해서 학습하고 발전해야 합니다. 저자로서의 기술과 지식을 개선하며, 새로운 아이디어와 트렌드에 대한 탐구를 통해 자신의 저작물을 업그레이드할 수 있습니다.

마지막으로, 홍보는 일회성 행사가 아니라 지속적인 노력을 요구합니다. SNS를 활용하거나 블로그를 운영하는 것처럼 다양한 방법으로 지속적인 관심을 유도해야 합니다. 책에 대한 독자의 이야기를 들으며, 독자와의 소통을 통해 책에 대한 관심을 유지하고 확산시키는 것이 중요합니다.

또한, 저자는 책을 홍보하는 데에만 집중하지 말고, 자신의 글쓰기 기술을 계속해서 개선해야 합니다. 좋은 저작물은 출판 후에도 계속해서 판매되고 읽힙니다. 따라서, 저자는 자신의 저작물에 대한 피드백을 받고 반영하여 더 나은 저작물을 쓰기 위해 노력해야 합니다.

책을 성공적으로 홍보하기 위한 저자의 자세와 각오는 결국 자신의 책에 대한 깊은 이해와 사랑, 그리고 끊임없는 노력을 해야 합니다. 그 어떤 어려움이 있더라도 자신의 이야기를 세상에 전달하는 데 실패하지 않겠다는 강한 결의가 필요합니다. 그리고 그 결의는 바로 저자 자신에게 나옵니다. 자신의 이야기를 세상에 전달하는 일, 그것이 바로 자비출판의 진정한 의미이며, 그것을 이루는 데 있어 가장 중요한 것은 바로 저자 스스로 결단력과 열정, 그리고 노력입니다.

홍보와 마케팅에는 끈기와 인내심이 필요하다

 책이 출간되고 나면 처음에는 저자도 열심히 홍보합니다. 하지만 채 한 달이 되기도 전에 포기하는 저자가 대부분입니다. 사람의 마음을 움직이는 것은 바위에서 꽃이 피기를 기다리는 것만큼 어려운 일입니다. 그나마 시도라도 하면 다행이지만 출간 자체로 만족해 버리는 저자도 수두룩합니다. 물론 책이란, 그 존재 자체만으로도 소중합니다. 그것은 저자의 노력과 시간, 노하우가 담긴 생명체라 할 수 있기 때문입니다. 그러나 그런 책이 세상에 널리 알려지지 않는다면, 그 존재의 가치는 크게 반감됩니다. 이를 위해 자비출판 저자들에게도 홍보와 마케팅은 필수적인 과제입니다.
 많은 사람에게 책을 출판하는 것은 꿈이기도 합니다. 자신의 이야기를 공유하고 독자들에게 영감과 지식을 전달하는 일은 매우 의미 있는 일입니다. 그러나 출판 후 가장 중요한 일 중 하나는 책을 성공적으로 홍보하고 마케팅하는 것입니다. 작심삼일로 끝나는 홍보와 마케팅은 출판 저작물을 세상에 알리기에 충분하지 않다는 것을 깨달아야 합니다.

책 홍보와 마케팅은 작심삼일이어서는 안 됩니다. 한 번의 이벤트나 잠깐의 주목만으로 충분하지 않습니다. 1년 365일, 쉴 새 없이 홍보해도 부족합니다. 이는 짧은 기간에 빠르게 효과를 볼 수 있는 일이 아니므로 꾸준히 진행해야 합니다.

자주 눈에 띄게 하여 읽는 이들에게 존재감을 인식시키는 것, 그것이 바로 저자의 성공을 위한 첫걸음입니다. 그렇다면 어떻게 이를 실행할 수 있을까요. 바로 마케팅과 홍보에 끈기와 인내심을 길러야 한다는 것입니다. 광고나 홍보는 짧은 시간에 큰 변화를 가져오지 못하는 일이 대부분입니다. 장기적인 관점에서 바라봐야 한다는 것입니다.

출판된 책을 홍보하는 데는 시간의 필요성과 노력의 중요성도 강조됩니다. 대부분 책이 출간되면 열심히 홍보하다가, 성과를 얻지 못하면 금세 포기하곤 합니다. 그러나 성공적인 홍보와 마케팅은 지속적인 노력과 시간이 필요한 부분입니다. 독자들에게 자주 알리고, 끊임없이 홍보하는 것이 중요합니다. 꾸준히 하다 보면 독자들의 인식과 관심을 서서히 넓힐 수 있습니다.

책 홍보는 끈기를 요구합니다. 책을 성공적으로 홍보하려면 광범위한 대중에게 책의 존재와 가치를 알리기 위해 계속 노력해야 합니다. 이는 광고, 이벤트, 미디어 등 다양한 채널을 통해 책을 알리는 것을 의미합니다. 홍보는 일시적인 활동이 아니라 지속적인 노력이 필요하며, 저자와 출판사는 책을 끊임없이 알리고 홍보하는 데 헌신해야 합니다. 이는 시간과 에너지를 투자하는 것을 의미하며, 어려움을 마주하더라도 포기하지 않고 계속해서 노력하는 끈기가 필요합니다.

또한, 마케팅과 홍보에 인내심을 길러야 합니다. 처음부터 큰 성과를 기대하면서 당황하거나 좌절하는 것은 바람직하지 않습니다. 책은 시장에서 경쟁하는 다른 도서들과 어느 정도의 경쟁을 해야 합니다. 따라서 책이 주목받기 위해서는 인내심과 기다림의 시간이 필요합니다. 일부 책은 출간 직후부터 큰 인기를 얻을 수 있지만, 대다수 책은 시간이 지나야 독자들에게 알려지고 인정받을 수 있습니다. 저자와 출판사는 책이 천천히 알려지고 사람들에게 인식되는 과정에서도 인내심을 가지고 기다릴 필요가 있습니다. 이는 홍보 결과가 즉각적으로 나타나지 않을 수도 있으며, 몇 번의 실패와 반복된 노력을 통해 성과를 얻을 수 있을 때까지 기다려야 한다는 것을 의미합니다.

성공적인 마케팅과 홍보는 시간이 걸리고, 많은 실패와 시행착오를 겪을 수밖에 없습니다. 그러나 이러한 과정을 통해 더 나은 방법을 찾게 되고, 독자들의 반응을 이해하며, 조정하고 발전해갑니다. 인내심을 갖고 실패를 받아들이면서 계속해서 노력하면, 저자의 책은 점차 인지도와 판매량을 증가시킬 수 있습니다.

자주 홍보하고 실험하다 보면 홍보 기술은 진화한다는 사실을 알게 됩니다. 홍보는 단순히 말하기, 보여주기만 하는 것이 아닙니다. 그것은 관계를 형성하고, 상호작용을 끌어내는 기술입니다. 그렇기에 이를 위해서는 계속해서 시도하고, 실패하고, 또 배우는 과정이 필요합니다. 그 과정에서 진화하는 것이 바로 홍보 기술입니다.

홍보와 마케팅 분야는 계속해서 변화하고 발전합니다. 새로운 트렌드와 도구, 소셜 미디어 플랫폼의 등장으로 저자들은 다양한 홍보 기술을 적용하고 실험해 볼 수 있습니다. 자주 홍보하고 다양한 전략을 시도하면서, 어떤 방법이 가장 효과적인지를 알아가고 개선해 나가야 합니다. 계속해서 홍보 기술을 익히고 적용해 나가면, 저자는 더 큰 성공을 이룰 수 있습니다.

글만 잘 써서는 안 되는 시대

지금 시대 저자는 글만 잘 써서는 안 되고 블로그, 유튜브, 트위터 등 인터넷 플랫폼을 활용하여 자신의 책을 홍보하는 능력도 키워야 합니다.

저자들에게는 과거와는 달리 책을 쓰는 것 이외에도 다양한 역할과 책을 성공적으로 홍보하는 능력이 요구되고 있습니다. 지금 시대의 저자들은 인터넷의 발달로 인해 기존의 출판 경로 외에도 다양한 플랫폼을 활용하여 자신의 저작물을 세상에 알릴 다양한 기회가 있습니다. 따라서, 저자들은 글을 잘 쓰는 것 외에도 블로그, 유튜브, 트위터 등의 인터넷 플랫폼을 활용하여 자신의 책을 홍보하고 독자들과 소통하는 능력을 키워야 합니다.

인터넷 플랫폼은 저자들에게 무한한 가능성을 보여줍니다. 예전에는 출판사를 통해 책을 출판하고 홍보하는 것이 유일한 방법이었습니다. 하지만 이제는 블로그나 소셜 미디어를 활용하여 자신의 글을 전 세계에 소개할 수도 있습니다. 블로그를 통해 저자는 자신의 글을 조각조각 내어 독자들과 공유하며, 이를 통해 독자들과의 관계를 구축할 수 있습니다. 유튜브나 팟캐스트를 이용하여 저자는 자신의 저작물을 홍보하는 동영상이나 오디오 콘텐츠를 제작할 수 있습니다. 또한, 트위터나 인스타그램과 같은 소셜 미디어를 통해 저자는 짧은 글이나 사진을 활용하여 자신의 저작물을 홍보하고 독자들과 소통하는 것입니다.

하지만 인터넷 플랫폼을 활용한 홍보는 단순히 자신의 책을 광고하는 것 이상의 의미를 지닙니다. 저자는 이를 통해 자신의 세계관이나 가치관을 독자들과 공유하고 이야기를 나누게 됩니다. 독자들은 저자의 생각과 감정을 직접 접하면서 저작물에 대한 이해를 높입니다. 또한, 저자와 독자들 간의 상호작용은 저자의 창작 활동을 지속으로 발전시켜 나가게 됩니다. 독자들의 피드백과 반응을 통해 저자는 자신의 저작물을 개선하고 새로운 아이디어를 얻을 수 있습니다.

그러나 저자들은 인터넷 플랫폼을 활용하는 데에도 주의해야 합니다. 플랫폼의 다양성과 활용 방법의 다양성은 저자에게 많은 혜택을 줄 수 있지만, 동시에 시간과 노력을 요구합니다. 저자는 풍부한 글 작성 능력과 함께 온라인 플랫폼 관리 능력도 함께 갖추어야 합니다. 저자가 풍부한 글 작성 능력을 지니고 있더라도 인터넷 플랫폼을 활용하는 방법을 알지 못하거나 관리하지 못한다면 저작물을 성공적으로 홍보하는 것은 어렵습니다. 따라서, 저자는 시간과 노력을 투자하여 자신의 저작물을 올바르게 홍보하고 효과적으로 관리하는 능력을 개발해야 합니다.

인터넷 플랫폼은 저자들에게 출판 이외의 수익 창출 기회를 부여하기도 합니다. 예를 들어, 블로그나 유튜브 채널을 통해 광고 수익이 창출되거나, 자체적으로 온라인 강의를 개설하여 수강료를 받을 수도 있습니다. 이는 저자들에게 창의적인 방법으로 수익을 창출하고 저작물 창작에 더 많은 시간과 자원을 투자할 기회를 줍니다.

또한, 인터넷 플랫폼을 통해 저자는 독자와 직접적인 연결고리를 형성할 수 있습니다. 전통적인 출판 경로에서는 저자와 독자 간의 소통이 어려웠지만, 인터넷 플랫폼은 실시간 댓글, 이메일, 소셜 미디어 메시지 등을 통해 저자와 독자 간의 소통을 원활하게 합니다. 이러한 상호작용은 저자에게 독자의 피드백과 지지를 받을 기회를 부여하며, 저자 저작물의 관심과 호감도를 높입니다. 이는 저자의 저작물을 홍보하는 데에 큰 도움이 되며, 독자들과의 연결고리를 통해 긍정적인 입소문과 추천을 얻을 수 있습니다.

　다만, 소셜 미디어와 온라인 커뮤니티는 빠르고 넓은 영향력을 지니기 때문에 저자는 자신의 행동과 표현에 신중해야 합니다. 부적절한 행동이나 논란이 불거질 때 저자의 이미지와 저작물에 영향을 미칠 수 있기 때문입니다. 또한, 인터넷 플랫폼을 통한 홍보는 지속적인 관리와 업데이트를 요구합니다. 저자는 꾸준한 콘텐츠 생산과 독자와의 소통을 유지하기 위해 시간과 노력을 투자해야 합니다.

　다시 한번 정리하자면, 저자들은 글을 잘 쓰는 것 외에도 인터넷 플랫폼을 활용하여 자신의 책을 홍보하고 독자들과 소통하는 능력도 키워야 합니다. 인터넷의 발달로 인해 저자들은 출판사를 경유하지 않고도 자신의 저작물을 알릴 기회를 얻었습니다. 그러나 이는 단순한 홍보를 넘어 저자와 독자들 간의 의사소통과 상호작용을 위한 경로이기도 합니다. 저자들은 자신의 저작물을 성공적으로 홍보하고 관리하기 위해 인터넷 플랫폼을 올바르게 활용하는 방법을 익히고 발전시켜야 합니다. 그러기 위해서는 저자들은 시간과 노력을 투자하여 플랫폼 관리 능력을 갖추어야 합니다. 앞으로의 시대에서는 글쓰기 능력 외에도 인터넷 플랫폼 활용 능력이 저자의 성공을 좌우할 것입니다.

  인터넷은 저자들에게 출판 이외의 수익 창출과 독자와의 직접적인 연결고리를 제공하는 기회를 줍니다. 그러나 이러한 기회를 활용하기 위해서는 저자들은 적절한 콘텐츠 관리와 온라인 커뮤니티에서의 책임과 주의를 갖추어야 합니다. 현대 저자들에게는 글쓰기 능력뿐만 아니라 인터넷 플랫폼을 활용하는 능력의 중요성이 커지고 있으며, 이를 통해 더욱 효과적인 저작물 홍보와 독자와의 소통을 실현할 수 있습니다.

저자 계모임 만들기

동료 저자가 출간하면 책을 한 권씩 구매하고 리뷰를 달아주거나 책 소개 글을 블로그 등 인터넷 플랫폼에 올려주는 모임을 구성하기

출판업계는 저자들에게 큰 도전과 기회를 줍니다. 저자들은 창작물을 세상과 공유하기 위해 출판사에 소속되거나 자신의 저작물을 자비출판을 할 수 있습니다. 그러나 책을 출간하고 성공을 거두는 것은 쉬운 일이 아닙니다. 많은 저자가 경쟁적인 시장에서 주목을 받기 위해 힘들게 노력하고 있습니다. 따라서 동료 저자들을 지원하고 돕는 모임을 구성하여 자비출판에 성공하는 방안을 탐구해 보는 것은 매우 의미 있는 아이디어입니다.

저자들이 동료들의 책을 구매하고 리뷰를 달아주는 것은

자비출판을 성공적으로 이끌어나가기 위한 핵심 요소입니다. 이 모임은 저자들 사이에 협력과 연대감을 조성하며, 서로를 지지하고 격려하는 환경을 제공할 것입니다. 한 명의 저자가 출간에 성공하면 다른 저자들도 함께 축하하고 그 저작물을 지지하는 것은 커뮤니티의 결속력을 돈독히 하는 좋은 방법입니다. 그리고 저자들은 자신의 저작물이 실제 독자들에게 어떤 반응을 받는지를 알기 위해 다른 사람들의 리뷰와 피드백도 필요로 합니다. 동료 저자들의 리뷰는 공정하고 지지적인 시각을 제공하여 저자들이 자신의 저작물을 발전시킬 수 있는 중요한 도구가 될 것입니다.

이 모임을 구성하는 것은 상대적으로 간단한 일입니다. 저자들은 모임을 형성하기 위해 온라인 플랫폼이나 소셜 미디어를 활용합니다. 예를 들어, 저자들은 페이스북 그룹이나 온라인 포럼을 만들어 모임의 기반을 형성할 수 있습니다. 모임 구성원들은 자신의 블로그나 웹사이트에서 동료 저자들의 책 소개 글을 게시하여 더 많은 사람에게 그 저작물을 알리는 것입니다. 이렇게 함으로써 저자들은 독자들에게 더 많은 관심과 지지를 받을 뿐만 아니라 출간된 저작물에 대한 인지도와 판매량도 늘릴 수 있습니다.

자비출판 성공을 위한 모임은 저자들에게 상호작용과 협력의 기회를 부여함으로써 출판 활동을 보다 효과적으로 발전시킵니다. 저자들은 서로를 돕고 지지함으로써 개인적인 성공을 이루는 데 도움을 줄 뿐만 아니라 출판업계 전반에 긍정적인 변화를 가져올 수 있습니다. 이러한 모임은 저자들 사이의 협업을 촉진하고 저자 커뮤니티를 강화하여, 출판시장의 다양성과 창의성을 장려할 수 있습니다.

그뿐만 아니라, 이러한 모임은 저자들에게 네트워킹의 기회를 줍니다. 저자들은 서로의 책을 구매하고 리뷰를 달아주는 과정에서 소통하고 교류합니다. 이를 통해 저자들은 서로의 저작물과 창작 과정에 대해 더 깊은 이해를 하게 되며, 서로의 경험과 지식을 공유합니다. 이는 저자들이 서로에게 영감을 주고 창작을 발전시키는 데에 큰 도움이 될 것입니다.

또한, 이 모임은 저자들의 프로모션과 홍보에도 도움을 줍니다. 저자들은 자신의 책 소개 글이 다른 저자들의 블로그나 인터넷 플랫폼에 올라감으로써 더 많은 독자에게 노출될 기회를 얻습니다. 이를 통해 저자들은 새로운 독자층을 확보하고 자신의 저작물에 대한 인지도를 높일 수 있습니다. 또한, 모임 구성원들이 함께 홍보에 참여하면 상호적인 이점을 얻을 수 있으며, 이는 저자들이 개별적으로 홍보를 하는 것보다 더 큰 효과를 가져올 수 있을 것입니다.

더불어, 저자들이 이러한 모임을 통해 서로를 응원하고 격려함으로써 저자들의 자신감과 동기 부여도 증진될 것입니다. 저자는 대개 외로운 작업을 하므로 동료들과의 지지와 공감은 큰 의미를 지닙니다. 모임 구성원들은 저자들이 직면하는 어려움과 고난을 이해하며, 서로서로 응원하고 격려하는 환경을 조성할 수 있을 것입니다. 이는 저자들이 작업에 대한 자신감을 유지하고 긍정적인 에너지를 얻는 데에 도움을 줄 것입니다.

마지막으로, 이러한 모임은 저자들의 성장과 발전에 기여합니다. 저자들은 동료들의 저작물을 리뷰하고 평가함으로써 저작물에 대한 새로운 관점과 피드백을 받을 수 있습니다. 이를 통해 저자들은 자신의 저작물을 개선하고 발전시킬 수 있으며, 저작물의 질과 완성도를 높일 수 있을 것입니다. 또한, 모임 구성원들은 저자들의 창작 과정에 대해 공유하고 토론할 수 있으며, 이는 저자들의 아이디어와 스토리텔링 기술을 발전시키는 데에 도움을 줄 것입니다.

이러한 장점들을 고려할 때, 저자들이 동료 저자들을 지원하고 돕는 모임을 구성하는 것은 출판 활동의 성공을 촉진시키는 중요한 요소입니다. 이 모임은 저자들 사이의 협력과 소통을 강화하며, 저자들의 프로모션과 홍보에도 도움을 주며, 저자들의 성장과 발전을 촉진시킬 수 있습니다. 따라서 자비출판에 성공하기 위해 저자들은 서로를 지지하고 도와주는 이러한 모임을 구성해 나갈 필요가 있습니다.

결론적으로, 자비출판을 성공적으로 이끌어가기 위해 동료 저자들을 지원하고 도울 수 있는 모임을 구성하는 것은 매우 유익한 아이디어입니다. 저자들이 서로를 지지하고 협력함으로써 출판 활동의 효과성을 향상시킬 수 있을 뿐만 아니라 출판업계에 긍정적인 변화를 가져올 수 있습니다. 동료 저자들의 책을 구매하고 리뷰를 달아주는 것은 저자들 사이의 결속력을 강화하며, 저자들이 자신의 저작물을 발전시키는 데에도 큰 도움이 될 것입니다. 자비출판을 성공시키기 위해 동료 저자들과 함께 모여 우리 모두 서로를 지지하고 발전시킬 수 있는 환경을 만들어야 합니다.

배워서 남 주나

저자로서의 성공은 어려운 여정입니다. 출판시장은 끊임없이 변화하고 있으며, 독자들의 요구도 변화하고 있습니다. 이제는 비주얼 시대라고 불리는 시대에 살고 있으며, 저자들은 책을 홍보하고 마케팅하기 위해 기존의 방식을 넘어서야 합니다. 이에 저자들은 최소한 포토샵으로 홍보 이미지를 만드는 법과 책 홍보 동영상을 만드는 법 정도는 배워야 합니다.

포토샵은 이미지 편집 소프트웨어 중 가장 널리 사용되는 도구 중 하나입니다. 저자들은 포토샵을 익힘으로써 자신의 책을 대중에게 시각적이고 매력적으로 보여줍니다. 포토샵을 사용하면 홍보 이미지를 디자인하고, 이미지에 텍스트를 추가하여 이목을 끌 수 있습니다. 또한, 소셜미디어 플랫폼에서 홍보 이미지를 사용할 수 있으며, 독자들에게 인상적인 이미지를 제시함으로써 더 많은 사람의 관심을 끌게 됩니다.

포토샵으로 홍보 이미지 만드는 기술은 비교적 간단합니다. 다양한 홍보 이미지를 수만 개 만들어 낼 수 있습니다. 이렇게 만든 홍보 이미지는 SNS를 통해 홍보하거나 블로그 등에 책 제목 중심 키워드에서 생성한 이야기를 포스팅할 때 삽입하여 활용하면 됩니다.

또한, 저자들은 책 홍보 동영상을 만드는 법을 익히는 것도 중요하다. 동영상은 사람들에게 훨씬 더 큰 강도의 인상을 남길 수 있는 매체입니다. 저자들은 자신의 책을 소개하는 동영상을 제작하여 유튜브 등을 통해 독자들에게 전달합니다. 이를 통해 책의 주요 내용을 간략하게 소개하고, 강조할 부분을 시각적으로 보여주게 됩니다. 또한, 독자들이 저자의 목소리를 들을 수 있게 되어 더욱 개인적인 연결을 형성할 수 있습니다.

저자들은 이러한 비주얼 마케팅 기술을 익힘으로써 더 많은 독자를 유치하고, 자신의 책을 더욱 효과적으로 홍보하게 됩니다. 비록 저자들은 주로 글쓰기에 능숙하고, 시각적인 요소에는 익숙하지 않을 수도 있지만, 현대 출판시장에서는 비주얼 마케팅이 필수적인 요소로 자리를 잡았습니다. 따라서 저자들은 새로운 도구와 기술을 습득하여 자신의 저작물을 성공적으로 홍보하는 데 집중해야 합니다.

저자들이 포토샵과 동영상 제작 기술을 배우는 것은 단순히 홍보와 마케팅에만 국한되지 않습니다. 이러한 기술은 저자의 창작 과정에서도 유용하게 활용됩니다. 저자들은 포토샵을 사용하여 자신의 저작물에 대한 시각적인 이미지를 구상하고, 표현합니다. 특히 책 표지 디자인이나 캐릭터 일러스트 등 저작물의 시각적인 측면을 강화하는 데 포토샵은 큰 도움을 줍니다.

또한, 저자들은 책 홍보 동영상을 만드는 과정에서 자신의 저작물에 대한 새로운 관점을 발견할 수 있습니다. 동영상 제작은 저작물의 핵심 아이디어를 시각화하고 구체화하는 과정입니다. 저자는 이 과정에서 자신의 저작물을 다른 시각에서 살펴볼 수 있으며, 이를 통해 저작물의 강점과 매력을 발견하고 강화합니다. 또한, 동영상 제작은 저자에게 새로운 스토리텔링 기술을 습득하는 기회를 줍니다. 저자는 자신의 저작물을 흥미로운 이야기로 구성하고, 독자들의 호기심을 자극하는 방법을 익히게 됩니다.

비주얼 마케팅을 통해 저자들은 독자들과의 상호작용을

돈독히 합니다. 소셜미디어 플랫폼에서 홍보 이미지와 동영상을 공유하면서 독자들과 직접 소통하는 것입니다. 저자들은 독자들의 의견과 피드백을 수집하고, 이를 저작물의 개선과 홍보 전략에 활용합니다. 이러한 상호작용은 독자들과의 긍정적인 관계를 형성하고, 저자의 팬 베이스를 넓히는 데 도움이 됩니다.

비주얼 마케팅 기술을 익히는 것은 저자들에게 창의성과 다양한 스킬셋을 제공합니다. 저자들은 새로운 도전과 학습을 통해 자신의 능력을 확장할 필요가 있습니다. 포토샵과 동영상 제작은 예술적인 요소와 기술적인 요소를 융합시키는 과정이기 때문에 저자들은 창의적인 사고와 기술적인 역량을 함께 발전시킬 수 있습니다. 이는 저자로서의 성장과 발전에 큰 도움이 됩니다.

비주얼 시대에 저자로서 성공하기 위해서는 포토샵과 동영상 제작 기술을 배우는 것이 필수적입니다. 이를 통해 저자들은 저작물의 시각적인 측면을 강화하고, 독자들과의 상호작용을 단단히 합니다. 또한, 비주얼 마케팅은 저자의 창작 과정과 창의성을 넓히는 데에도 도움을 주는 가치 있는 도구입니다. 저자들은 이러한 기술을 익힘으로써 독자들과의 연결을 강화하고, 저작물의 가치를 더욱 널리 알릴 수 있을 것입니다.

책 제목의 중심 키워드를 활용하여 연상기법으로 홍보하기

자비출판은 현대 문학계에서 저자들이 자신의 저작물을 직접 출판하고 홍보하는 새로운 형태의 출판 방식으로 주목받고 있습니다. 이 방식은 저자들에게 더 큰 자유와 창의성을 보장하면서 동시에 출판업계의 전통적인 구조를 거스르고 있습니다. 이러한 자비출판의 성공 요인은 저자가 독자들과 직접 소통하고, 독자들의 관심을 끌기 위해 창의적인 방법을 사용하는 것에 있습니다.

예를 들어, 수필집의 제목이 '도토리의 꿈'인 경우, 저자는 독자들에게 도토리와 관련된 이야기를 계속 제공하며 자신의 책을 연상시킬 수 있습니다. 도토리는 작은 것에서부터 커지는 과정을 통해 성장과 변화를 상징하는 상징물입니다. 저자는 이러한 상징성을 살려 도토리에 관한 흥미로운 콘텐츠를 개발하여 연상법을 활용하는 것입니다.

예를 들어, 저자는 도토리의 성장 이야기를 다루는 수필을 쓸 수 있습니다. 독자들은 도토리가 작은 씨앗에서 무엇을 키워낼지, 어떤 어려움을 극복하며 성장할지 기대할 것입니다. 또한, 도토리를 통해 인간의 삶과 이야기를 비유적으로 다룰 수도 있습니다. 저자는 도토리가 품고 있는 가능성, 희망, 꿈에 대한 이야기를 통해 독자들에게 감동과 영감을 전할 수 있습니다.

그뿐만 아니라, 저자는 도토리와 관련된 다양한 주제로 콘텐츠를 개발할 수도 있습니다. 예를 들어, 도토리를 테마로 한 아트 프로젝트를 기획하거나, 도토리와 관련된 시나리오를 쓰고 영상이나 단편소설로 만들어 독자들에게 제공할 수도 있습니다. 이러한 창의적인 접근은 독자들에게 강한 인상을 남기고, 그들이 저자의 책을 기억하고 추천할 가능성을 높여줄 것입니다.

수필집 제목이 '떠난 그대 서랍을 열고'라면 '서랍'에 관한 이야기를 주제로 홍보 포스팅을 할 수 있고, 수필집 제목이 '경계 저 너머'라면 '경계'에 관한 이야기를 주제로, 수필집 제목이 '60 뜨거워도 괜찮아'이면 '60대'에 관한 이야기를 주제로 홍보 포스팅을 할 수 있습니다. 이와 관련해서는 챗GPT를 활용하여 홍보하기에서 좀 더 자세히 설명합니다.

자비출판의 성공은 저자의 창의력과 노력에 달려 있습니다. 저자는 독자들의 관심을 끌기 위해 책 제목과 관련된 콘텐츠를 계속해서 개발해야 합니다. 이는 저자가 지속적인 연구와 탐구를 통해 새로운 아이디어와 관점을 발견하고, 독자들에게 제공하는 창의적인 홍보와 마케팅을 창조하는 것입니다.

지금은 출판사의 홍보 예산이나 능력에 의존하지 않고 저자는 자신의 웹사이트, 블로그, 페이스북, 인스타그램, 트위터 등 다양한 플랫폼을 통해 자신의 목소리를 전하는 시대입니다.

홍보 전략은 단순한 소셜 미디어 포스트로 끝나지 않습니다. 저자는 독특하고 매력적인 콘텐츠를 제시하여 독자들의 관심을 끌어야 합니다. 이를 위해서는 저자의 창의력이 중요한 역할을 합니다. 예를 들어, 저자는 책의 배경 이야기나 등장인물들에 대한 흥미로운 정보를 공유하거나, 퀴즈나 이벤트를 개최하여 독자들과 상호작용할 수 있습니다. 저자는 또한 책을 소개하는 동영상을 제작하거나, 독자들과의 온라인 채팅 세션을 열 수도 있습니다. 이 모든 것들은 저자의 창의력을 통해 책을 더욱 독자들에게 가깝게 만들고, 그들의 관심과 연관성을 높이는 데 도움을 줍니다.

자비출판은 저자에게 일정한 시간과 노력을 요구합니다. 저자는 출간 이후에도 홍보와 소통을 위한 시간을 할애해야 합니다. 저자는 출간 후 나름대로 홍보 전략을 계획하고 일정을 관리하며, 독자들과의 소통과 상호작용에 집중하여 자신의 책을 널리 알리는 데 주력해야 합니다.

따라서, 자비출판의 성공은 저자의 능력과 창의력에 달려 있습니다. 저자가 독자들에게 책 제목의 중심 키워드와 관련된 흥미로운 이야기를 계속 포스팅하여 연상법을 활용한다면, 자신의 책을 독자들의 기억에 오랫동안 남게 할 수 있을 것입니다. 이를 위해 저자는 계속해서 책 제목의 중심 키워드에 대한 연구와 탐구를 하여 새로운 아이디어를 개발해야 하며, 독자들의 관심과 지지를 얻기 위해 노력해야 합니다. 자비출판을 통해 저자는 자신의 저작물을 더 많은 독자에게 전달하고, 문학계에서 성공을 거두는 길을 열 수 있을 것입니다.

검색 엔진 최적화(SEO)

출판업계는 끊임없이 변화하고 있으며, 현재에는 전통적인 출판 방식뿐만 아니라 디지털 시대에 적합한 전략을 통해 독자와의 연결을 강화해야 합니다. 인터넷의 발달로 인해 검색 엔진 최적화(Search Engine Optimization, SEO)는 출판 저작물을 홍보하고 판매를 촉진하는 데 있어서 매우 중요한 요소로 부각되고 있습니다.

검색 엔진 최적화는 인터넷 사용자들이 검색 엔진에서 특정 키워드를 입력할 때, 저자의 저작물이 상위 검색 결과에 나타나도록 하는 프로세스입니다. 많은 독자가 책을 구매하거나 정보를 얻기 위해 검색 엔진을 활용하므로, 저자들은 자신의 저작물을 노출시키기 위해 SEO를 활용해야 합니다.

키워드 연구가 SEO 전략의 핵심입니다. 독자들이 검색 엔진에서 사용하는 키워드를 이해하고, 해당 키워드들을 저작물의 제목, 설명, 블로그 게시물 등에 적절히 활용해야 합니다. 이를 통해 검색 엔진은 저작물을 해당 키워드와 관련된 검색 결과 중 상위에 노출시킵니다. 키워드 연구는 독자들의 관심사와 검색 트렌드를 파악하는 것을 의미하므로, 이를 열심히 수행하는 것이 중요합니다.

컨텐츠 품질을 고려해야 합니다. 검색 엔진은 사용자들에게 가치 있는 정보를 제공하려는 경향이 있으므로, 저작물의 컨텐츠 품질이 검색 결과에 영향을 미칩니다. 저자는 독자들이 찾는 정보나 즐길 만한 내용의 컨텐츠를 작성해야 합니다. 또한, 웹사이트의 속도, 사용자 경험, 모바일 호환성 등 기술적인 측면도 고려해야 합니다. 품질 좋은 컨텐츠는 검색 엔진에서 인정받아 점차 상위 랭킹에 오르게 될 것입니다.

외부 링크 구축을 통해 SEO를 강화할 수 있습니다. 다른 웹사이트나 블로그에서 저자의 저작물을 언급하고 링크를 하면 검색 엔진은 이를 인지하고 저작물의 신뢰성과 인기도를 높여줍니다. 이를 위해 저자는 동료 저자들이나 출판 관련 커뮤니티에서 협력을 구축하고, 자신의 저작물을 널리 알리는 활동을 해야 합니다. 또한, 소셜 미디어 플랫폼에서의 활발한 홍보와 소셜 공유도 검색 엔진 최적화를 위한 중요한 전략입니다.

검색 엔진의 알고리즘 변화에 대비하는 것을 필요로 합니다. 검색 엔진은 지속해서 알고리즘을 변경하고 업데이트하여 검색 결과의 품질을 향상시키려는 노력을 벌이고 있습니다. 따라서 저자는 최신의 SEO 동향과 알고리즘 변경을 주시하고, 저작물의 검색 엔진 최적화를 조정하며 개선해야 합니다.

저자는 출판된 저작물과 관련된 키워드나 주제에 대한 블로그 포스트를 작성하고, 관련 사이트나 온라인 커뮤니티에 게시하여 자신의 전문성을 알리는 것도 중요합니다. 이를 통해 독자들은 저자를 신뢰하고 저작물에 대한 더 많은 정보를 얻을 수 있게 됩니다. 또한, 이러한 활동은 저자의 온라인 프레즌스를 구축하고 자신을 목표 독자들에게 알리는데 도움을 줍니다.

또한, 소셜 미디어 플랫폼은 자비출판에서 SEO를 강화하는 데 있어서 강력한 도구입니다. 저자는 자신의 저작물을 홍보하고 독자들과의 상호작용을 촉진하기 위해 페이스북, 인스타그램, 트위터 등 다양한 소셜 미디어 플랫폼을 활용해야 합니다. 이를 통해 저자는 독자들과의 직접적인 소통을 할 수 있고, 저작물에 대한 피드백을 받을 수 있습니다. 또한, 소셜 미디어에서의 공유와 좋아요, 리트윗 등의 활동은 저작물의 가시성을 높이고 검색 엔진에서의 랭킹을 향상시키는 데 도움을 줍니다.

끝으로, 데이터 분석과 모니터링은 자비출판에서 SEO를 향상시키는 데 매우 중요한 역할을 합니다. 저자는 자신의 책과 관련된 키워드의 성과를 지속으로 모니터링하고, 어떤 키워드가 높은 검색 볼륨과 경쟁력을 가지는지 파악해야 합니다. 이를 통해 저자는 SEO 전략을 조정하고 최적화할 수 있습니다. 또한, 웹사이트 트래픽, 검색 엔진에서의 랭킹 변동, 소셜 미디어에서의 활동 등을 분석하여 저자는 자신의 SEO 노력이 어떻게 저작물의 가시성과 판매에 영향을 주는지를 파악할 수 있습니다.

정리하자면, 자비출판 성공을 위해서는 검색 엔진 최적화가 필수적입니다. 키워드 연구, 컨텐츠 품질, 외부 링크 구축, 알고리즘 변화 대응 등을 고려하면서 SEO 전략을 신중히 계획하고 실행해야 합니다. 이를 통해 저자는 독자와의 연결을 강화하고, 저작물의 가시성과 인지도를 높일 수 있을 것입니다. 또한, 자비출판에서 SEO를 효과적으로 활용하기 위해서는 키워드 연구와 컨텐츠 품질에 주의하며, 외부 링크 구축과 소셜 미디어 활용을 적절히 조화시켜야 합니다. 또한, 데이터 분석과 모니터링을 통해 SEO 전략을 계속해서 개선하고 최적화해야 합니다. 저자는 이러한 노력을 통해 자신의 저작물을 더 많은 독자에게 알리고 성공적인 자비출판을 이루어낼 수 있을 것입니다. 출판업계의 디지털 시대에 맞춰 SEO를 효과적으로 활용하여 성공적인 자비출판을 이루어내기를 바랍니다.

책 제목과 포털 검색 키워드

 책을 출판하고자 하는 저자들에게 있어서 책의 제목은 매우 중요한 결정 사항입니다. 책의 제목은 독자들에게 첫인상을 주는 요소로 작용하며, 책의 성공적인 판매 여부에도 큰 영향을 미치게 됩니다. 그러나 현대의 출판시장에서는 온라인 포털이 폭발적으로 성장하며, 독자들이 정보를 검색하고 소비하는 주요한 도구로 자리 잡고 있습니다. 이에 따라, 책 제목을 정할 때는 포털에 수많은 포스팅이 올라오는 키워드가 포함되지 않도록 주의해야 합니다. 그렇지 않으면 자신의 책 제목이 다른 콘텐츠에 묻힐 수 있으며, 독자들이 책을 찾거나 인지하기 어려워질 수 있습니다.

 책 제목에 희소성 있는 키워드를 반영하는 것은 중요합니다. 희소성 있는 키워드란, 검색 시 경쟁이 적고 독자들이 쉽게 기억하고 검색할 수 있는 키워드를 말합니다. 이러한 키워드를 책 제목에 반영함으로써, 독자들이 책을 검색할 때 쉽게 찾을 수 있습니다. 예를 들어, "심리학 입문서"라는 제목보다는 "현대인의 마음을 읽는 법: 심리학 입문서"라는 제목이 더 희소성 있는 키워드를 포함하고 있습니다. 이렇게 희소성 있는 키워드를 책 제목에 포함함으로써, 독자들이 책을 찾을 때 검색 엔진에서 상위에 노출될 가능성이 커집니다.

 하지만, 쉽게 기억되면서도 검색 시 노출되기 쉬운 희소성 있는 키워드를 책 제목에 반영하는 것은 쉬운 일이 아닙니다. 이를 위해서는 먼저 자신의 책 주요 내용과 목적을 잘 이해해야 합니다. 책이 다루는 주제, 전달하려는 메시지, 독자들에게 제시하고자 하는 가치 등을 고려하여 키워드를 선택해야 합니다. 독자들이 어떤 키워드로 책을 검색할지를 고려하여, 그와 관련된 희소성 있는 키워드를 책 제목에 담는 것이 중요합니다.

 또한, 희소성 있는 키워드를 제목에 반영하는 동시에 창의적이고 독창적인 제목을 만드는 것도 중요합니다. 책의 제목은 독자들에게 쉽게 기억되어야 하며, 책을 대표하는 식별 요소로 작용해야 합니다. 따라서 희소성 있는 키워드를 적절하게 활용하면서도 독특하고 흥미로운 제목을 만들어야 합니다. 독자들이 책의 제목을 보고 이 책이 독특하고 가치 있는 내용을 제공할 것이라는 인상을 받을 수 있도록 해야 합니다.

책의 제목을 정할 때는 독자들의 반응과 피드백을 고려해야 합니다. 출판 전에 제목을 미리 공개하고 독자들의 의견을 수렴하는 것은 유용한 전략입니다. 독자들의 관점에서 제목을 살펴보고, 제목이 어떤 메시지를 전달하는지를 이해하는 것은 출판 성공에 도움이 될 것입니다. 독자들의 피드백을 기반으로 책의 제목을 조정하고 개선하는 과정을 거치면, 독자들에게 더욱 매력적인 제목을 보여줄 수 있을 것입니다.

출판시장에서 책을 성공적으로 내놓기 위해서는 책의 제목을 신중하게 선택해야 합니다. 포털에 많은 포스팅이 올라오는 키워드를 피하고, 대신 희소성 있는 키워드를 제목에 반영하는 것이 중요합니다. 이를 통해 독자들이 책을 쉽게 찾을 수 있고, 책의 가치와 메시지를 잘 전달할 수 있습니다. 독자들의 반응과 피드백을 수렴하며, 창의적이고 독창적인 제목을 만들어 나가는 것은 출판 성공에 도움이 될 것입니다. 출판된 책의 제목은 그 책을 대표하며, 독자들에게 강력한 인상을 남기기 때문에, 신중한 결정이 필요합니다.

전파 가능성이 높은 책 제목

출판업계는 극도로 경쟁적이고 포화된 시장입니다. 그래서 출간된 책이 독자들에게 얼마나 많은 관심을 받고 전파되는지가 출판의 성공을 좌우합니다. 책을 출간하고자 하는 저자라면, 자신의 저작물을 최대한 많은 독자에게 알리고자 할 것입니다. 이러한 목표를 달성하기 위해서는 책의 제목 선택이 중요한 역할을 합니다.

제목은 책의 첫인상을 결정합니다. 독자들이 서점에서 책을 찾을 때, 제목은 그들의 눈에 띄고 흥미를 유발하는 역할을 합니다. 따라서, 책 제목을 정할 때는 전파 가능성을 고려하는 것이 매우 중요합니다. 즉, 제목이 독자들 사이에서 쉽게 전해질 수 있고 흥미를 끌어 모든 사람에게 알리기 좋은 제목을 선택해야 한다는 것입니다.

전파 가능성을 고려하는 첫 번째 요소는 간결성입니다. 짧고 간결한 제목은 사람들에게 더 쉽게 기억되고 전달됩니다. 긴 제목은 독자의 관심을 끌기 어렵고, 기억하기도 어렵습니다. 예를 들어, '우리의 세대는 무엇을 상상할까요?' 보다는 '상상의 세대'라는 간결한 제목이 더욱 효과적일 것입니다. 간결한 제목과 책 커버나 광고 등 다양한 매체에서 시각적으로 전달하기에도 용이합니다.

두 번째 요소는 유혹적인 제목의 선택입니다. 사람들은 호기심과 욕구에 주도되기 마련입니다. 제목이 독자의 호기심을 자극하고, 이들이 궁금증을 가지게 만든다면, 그들은 더 많은 사람에게 그 책을 추천하고 전파할 가능성이 커집니다. 하지만 과장된 제목은 독자들 사이에서 신뢰를 잃을 수 있으므로, 제목을 정할 때는 적절한 균형을 찾아야 합니다. 예를 들어, "세계를 정복하는 비밀의 무기"라는 제목은 호기심을 자극하면서도 현실성을 유지할 수 있는 예입니다.

마지막으로, 제목은 독자들에게 감정적인 호소를 해야 합니다. 책은 독자들에게 감정과 연결고리를 형성하는 매체입니다. 따라서, 제목은 독자들에게 감정적인 반응을 일으킬 수 있어야 합니다. 강렬한 감정을 자극하는 단어를 사용하거나, 독자들의 욕망이나 욕구를 직접 대상으로 삼는 제목을 선택하는 것이 효과적일 수 있습니다. 예를 들어, '자유를 찾아서: 나의 이민 이야기'라는 제목은 자유와 이민이라는 주제에 대한 감정적인 호소를 자아내어 독자들에게 강한 인상을 남길 것입니다.

출판업계에서 성공하기 위해서는 많은 독자가 책을 알고 구매하고자 할 때 필요한 전파 가능성을 고려해야 합니다. 간결성, 유혹적인 제목, 그리고 감정적인 호소는 전파 가능성을 높이기 위한 중요한 요소들입니다. 저자로서, 책 제목을 선택할 때 이러한 요소들을 염두에 두면서 독자들에게 더욱 많은 사람에게 알려지고 전파될 수 있는 저작물을 만들어야 합니다. 책 제목은 저작물의 문을 열어주는 열쇠이며, 출판 성공을 위한 첫걸음입니다.

사람들에게 관심 있는 키워드 포스팅을 통한 간접광고

간접광고는 저자들에게 효과적인 마케팅 전략 중 하나입니다. 이는 직접적인 광고 방식이 아니라, 사람들이 자주 검색하는 키워드나 관심 주제를 활용하여 콘텐츠를 작성하고, 이를 통해 자신의 책을 간접적으로 홍보하는 전략입니다.

간접광고의 주요 이점 중 하나는 대상 독자층에 집중할 수 있다는 것입니다. 특정 키워드나 주제를 검색하는 사람들은 이미 해당 주제에 관심이 있는 사람들입니다. 이들은 정보를 찾고 배우고자 하는 욕구 때문에, 그들이 자주 검색하는 키워드와 관련된 콘텐츠를 제공함으로써, 관심을 불러일으킬 수 있습니다.

또한, 간접광고는 검색 엔진 최적화(SEO)와 밀접한 관련이 있습니다. 키워드 연구를 통해 어떤 키워드가 인기가 있고, 어떤 키워드로 자신의 책을 홍보할 수 있는지 파악하는 것이 중요합니다. 콘텐츠를 작성할 때에는 이러한 키워드를 적절하게 활용하여 글의 노출성을 높이고, 독자들이 검색 결과에서 자신의 글을 찾을 수 있도록 해야 합니다.

간접광고는 독자들의 신뢰도를 형성하는 데에도 도움이 됩니다. 검색 결과에서 독자들이 자신의 콘텐츠를 발견하고 접하게 되면, 자신의 전문성과 지식을 보여줄 기회를 얻을 수 있습니다. 이를 통해 독자들은 자신의 글과 책에 대한 신뢰를 지니게 되며, 이후에도 지속해서 자신의 글을 찾아보고 구매하게 될 수 있습니다.

사람들이 자주 검색하는 키워드를 활용한 간접광고는 저자에게 큰 장점을 제공합니다. 예를 들어, 로또, 운세, 꿈 해몽, 건강과 같은 키워드는 많은 사람이 궁금해하고 찾는 주제입니다. 이를 활용하여 글을 작성하고 검색 엔진 최적화(SEO)를 신경 써서 콘텐츠를 포스팅 한다면, 많은 독자가 자연스럽게 해당 글을 찾을 것입니다.

예를 들어, 매주 연금복권이나 로또복권 당첨번호를 발표하는 즉시 동행복권 홈페이지를 참고하여, 당첨번호를 포스팅하면 연금복권이나 로또에 관심이 있는 많은 사람이 해당 키워드를 검색할 것입니다. 독자들은 정보를 얻기 위해 해당 글을 클릭하게 되고, 이때 글 중간에 자신의 책 홍보 이미지를 자연스럽게 삽입할 수 있습니다. 이는 간접적으로 자신의 책을 홍보하는 효과를 가져옵니다.

또 다른 예로, 운세나 꿈 해몽에 관련된 글을 작성할 수도 있습니다. 많은 사람이 미래에 대한 궁금증을 가지고 있으며, 이에 대한 정보를 검색하는 경우가 많습니다. 따라서, 매일 운세 또는 매월 운세 또는 새해 운세 포스팅이나 사람들이 관심 있어 하는 주제의 꿈 해몽 포스팅을 작성하면, 해당 주제에 관심 있는 독자들이 쉽게 찾을 수 있습니다. 이때에도 글 내에 자신의 책 홍보 이미지를 삽입하여 독자들이 자신의 책에 관심을 두게 하는 것입니다.

또한, 건강과 관련된 키워드 역시 많은 사람이 자주 검색하는 주제입니다. 건강에 관심이 있는 독자들은 신체적이고 정신적인 건강을 유지하기 위한 정보를 찾고 있습니다. 이에 대한 글을 작성하여 건강에 관련된 팁, 운동 방법, 식단 조언 등을 제공합니다. 독자들은 이러한 정보를 얻기 위해 검색을 하며, 자신의 책 홍보 이미지를 삽입하여 자연스럽게 관심을 불러일으킬 수 있습니다.

이처럼 사람들이 자주 검색하는 키워드를 활용하여 글을 작성하고 간접적으로 자신의 책을 홍보하는 것은 저자에게 큰 이점을 제공합니다. 검색 엔진에서 노출되고 많은 독자에게 접근할 수 있으므로, 효과적으로 활용하는 것이 중요합니다. 따라서, 키워드 연구와 검색 엔진 최적화를 통해 독자들에게 유용한 정보를 노출하고, 글 중간에 자신의 책 홍보 이미지를 자연스럽게 넣어 독자들의 관심을 끌어야 합니다.

하지만 여기서 중요한 것은 간접광고를 너무 과도하게 사용하지 않는 것입니다. 독자들은 광고에 대한 거부감을 가질 수 있으니 너무 많은 광고성 컨텐츠가 포함되어 있다면 독자들의 신뢰를 잃게 됩니다. 따라서 자신의 책 홍보 이미지를 글 중간에 자연스럽게 삽입하는 것이 중요합니다. 이렇게 하면 독자들은 자신의 필요에 따라 해당 이미지를 찾아볼 수 있으며, 이는 간접적으로 책을 홍보하는 효과를 가져올 수 있습니다.

이러한 관심도 높은 키워드 포스팅의 장점들을 고려하여, 저자들은 자주 검색되는 키워드를 활용한 간접광고 전략을 적극적으로 활용할 수 있습니다. 키워드 연구와 SEO에 신경 쓰며, 독자들의 요구와 궁금증을 해결하는 유용한 콘텐츠를 노출하면서 자신의 책 홍보를 효과적으로 활용해야 합니다.

출판사 홍보에만 의존하지 마라

출판사와의 협력은 저자에게 출판 성공을 위한 중요한 도구로 작용할 수 있지만, 오직 출판사의 홍보에만 의존하는 것은 실망으로 이어집니다. 저자가 자신의 책을 성공적으로 출판하고 홍보하기 위해서는 출판사의 노력 외에도 개인적인 노력과 전략적인 마케팅이 필요합니다. 출판사는 많은 저자와 다양한 책들을 다루며, 이로 인해 출판사는 자원과 시간에 제한을 받을 수밖에 없습니다. 그렇기 때문에 저자는 출판사와의 협력을 최대한 활용하면서도 독립적인 홍보 방법을 개발해야 합니다.

저자는 자신의 목표 독자층을 명확하게 정의해야 합니다. 어떤 독자들이 자신의 책에 가장 관심이 있을지, 그들은 어떤 채널을 통해 정보를 얻는지를 파악하는 것이 중요합니다. 이를 위해 소셜미디어, 블로그, 웹사이트 등의 온라인 플랫폼을 적극적으로 활용하여 독자들과의 소통을 원활히 할 수 있습니다. 또한, 독자들과의 관계를 구축하기 위해 이메일 리스트나 회원제 커뮤니티를 운영함으로써 지속적인 소통의 채널을 구축하는 것이 중요합니다.

저자는 자신의 책을 프로모션하기 위한 마케팅 전략을 개발해야 합니다. 출판사의 홍보 노력 외에도, 저자는 독자들에게 자신의 책을 알리기 위한 다양한 방법을 고민해야 합니다. 예를 들어, 저자는 블로그나 팟캐스트를 통해 자신의 전문성을 공유하고, 독자들에게 가치 있는 정보를 노출함으로써 신뢰를 구축할 수 있습니다. 또한, 저자의 인터뷰, 기사 등을 매체에 기고함으로써 홍보의 기회를 창출할 수 있습니다. 저자는 자신의 책을 소개하는 북투어나 저자 강연 등의 이벤트를 기획하고, 독자들과 직접 만나 소통하도록 해야 합니다.

저자는 출판 이후의 홍보를 소홀히 해서는 안 됩니다. 출판 이벤트나 미디어 관계자와의 인터뷰 등은 출판 후에도 계속 이어져야 합니다. 저자는 자신의 책을 계속해서 홍보하고, 새로운 독자들을 유치하며, 독자들과의 관계를 유지하는 노력을 해야 합니다. 이를 위해 출판사와 협력하면서도 독립적으로 홍보 활동을 이어나가야 합니다.

출판사의 홍보 노력은 출판 성공을 위한 중요한 도구이지만, 이에만 의존하는 것은 지나치게 제한적입니다. 저자는 출판사와의 협력을 활용하면서도 자신의 독립적인 홍보 전략을 구축해야 합니다. 독자와의 소통을 쉽게 하고, 다양한 마케팅 전략을 통해 자신의 책을 알리며, 출판 이후에도 홍보 노력을 지속해야 출판의 성공을 이뤄낼 수 있습니다. 저자는 출판사와 함께 협력하면서도 자신의 책을 가장 효과적으로 홍보하기 위해 적극적인 태도와 창의성을 갖추어야 합니다.

또한, 저자는 자체적으로 온라인 프로모션을 통해 더욱 광범위한 독자층에 접근할 수도 있습니다. 소셜 미디어 플랫폼을 효과적으로 활용하여 저자의 책을 홍보하는 콘텐츠를 제작하고 공유함으로써 독자들과의 연결고리를 강화할 수 있습니다. 예를 들어, 흥미로운 인용구나 주요 내용을 담은 그래픽 이미지를 만들어 공유하거나 독자들과의 상호작용을 촉진하기 위해 퀴즈나 토론 주제를 제시하는 등의 방법을 사용할 수 있습니다. 이를 통해 저자는 독자들의 관심을 끌고 책을 알리는 동시에 독자들과의 관계를 형성하고 유지하게 됩니다.

저자는 커뮤니티와의 협력을 통해 출판 홍보를 강화할 수 있습니다. 저자는 동료 저자들이나 독자들과 함께 소속되어 있는 저자 협회나 독서 모임 등의 커뮤니티에 참여하고 활동함으로써 자신의 책을 알리는 기회를 얻습니다. 이러한 커뮤니티에서의 활동은 저자의 명성과 신뢰도를 높일 뿐만 아니라, 다른 저자들과의 네트워킹을 통해 새로운 홍보 기회를 창출합니다.

마지막으로, 저자는 자신의 웹사이트나 블로그를 운영하여 자체적인 콘텐츠 제작과 홍보를 진행할 수 있습니다. 이를 통해 저자는 독자들에게 자신의 책에 대한 더 많은 정보를 제공하고, 책의 샘플을 제공함으로써 독자의 관심을 유발합니다. 또한, 저자는 자체적인 이메일 뉴스레터를 운영하여 독자들과의 직접적인 소통을 강화하고, 새로운 책 출간 소식이나 이벤트 정보를 전달함으로써 출판 홍보에 도움을 줄 수 있습니다.

출판사의 홍보 노력은 중요하지만, 저자는 출판사의 한계를 인식하고 자체적인 홍보 전략을 구축해야 합니다. 온라인 프로모션, 커뮤니티 협력, 자체 콘텐츠 제작 및 웹사이트 운영 등을 통해 저자는 출판사와의 협력을 보완하고 자신의 책을 더욱 널리 알릴 수 있습니다. 이를 통해 저자는 독자들과의 연결고리를 튼튼히 하고 출판의 성공을 이루어낼 수 있는 더욱 효과적인 방법을 찾을 수 있습니다.

두드려라 열릴 것이다

저자로서의 부담은 막대합니다. 저작물을 완성한 뒤 출판을 꿈꾸는 순간부터, 독자들의 마음을 얻기 위해 노력해야 한다는 압박감이 도사리기 시작합니다. 그러나 현실은 호흡이 잘 맞는 독자들을 찾기란 어려운 일입니다. 각기 다른 취향과 흥미를 지닌 독자들을 설득하고 마음을 열게 하는 것은 정말 쉬운 일이 아닙니다.

하지만 여기서 중요한 점은 인내심을 가져야 한다는 것입니다. 끊임없이 자신의 저작물을 두드려야 합니다. 첫 출간에서 폭발적인 성공을 거둘 수도 있겠지만, 대부분 저자는 지름길을 통해 독자의 마음을 얻지 못합니다. 그렇다고 해서 희망을 잃어서는 안 됩니다. 저자로서는 이를 인내심으로 대처해야 합니다.

마음을 얻기 위해서는 먼저 독자의 관심을 사로잡아야 합니다. 잘 구성된 소개나 흥미로운 요소를 담은 표지 디자인은 독자들의 눈길을 사로잡을 수 있습니다. 그러나 이는 출간 이전에 해야 할 일입니다. 저작물이 이미 출간된 후에도 인내심을 갖고 홍보와 마케팅을 계속해서 해야 합니다.

또한, 독자들과의 소통은 매우 중요합니다. 독자 리뷰에 신경을 쓰고, 피드백을 열린 마음으로 받아들여야 합니다. 독자들은 자신들의 의견을 존중받고 능동적으로 참여할 기회를 원합니다. 이를 통해 독자들과의 관계를 구축하고, 저작물에 대한 흥미를 높일 수 있습니다. 독자들이 저작물에 직접 관여하고 소통하는 수단을 마련하는 것은 성공적인 출판에 있어서 필수적입니다.

하지만 인내심을 갖고 끊임없이 두드린다고 해서 모든 독자의 마음을 얻을 수 있다는 보장은 없습니다. 모든 사람이 자신의 저작물을 좋아하거나 이해하지 못할 수도 있습니다. 이는 저자로서의 부담과 현실을 받아들여야 할 시점입니다. 모든 독자를 만족시키는 것은 불가능하다는 것을 알아야 합니다.

마침내, 저자로서의 부담은 독자의 마음을 얻는 일이라는 점에서 어렵지만, 인내심을 갖고 끊임없이 두드리는 노력을 통해 독자들의 마음은 열리게 합니다. 저작물에 대한 열정과 노력이 독자들과의 연결고리를 형성할 수 있고, 결국에는 출판 성공을 끌어낼 수 있습니다. 인내심과 끈기를 지닌 저자는 자신의 저작물을 세상과 만나게 하고, 독자의 마음을 얻어가는 보람을 느낄 수 있을 것입니다.

또한, 독자의 마음을 얻기 위해서는 저작물의 질을 항상 유지하고 발전시켜야 한다는 점을 강조해야 합니다. 저작물의 퀄리티는 독자들이 저작물에 대한 평가에 중요한 요소입니다. 따라서 저자는 자신의 저작물에 대한 자기 선호나 자부심에 빠져서는 안 됩니다. 대신, 독자들의 기대에 부응하고, 시대적인 흐름과 변화에 민감하게 대처하며, 지속적인 학습과 성장을 추구해야 합니다.

독자의 마음을 얻기 위해서는 독자의 관점과 이해도를 고려해야 한다는 점도 중요합니다. 저작물은 저자의 창작물이지만, 독자들은 그 저작물을 통해 자신과 공감하거나 새로운 경험을 얻고자 합니다. 따라서 저자는 독자들의 다양한 배경과 취향을 이해하고 존중하는 태도로 임해야 합니다. 독자들과의 상호작용을 통해 그들의 요구와 의견을 수용하고 반영하는 유연성과 개방성을 가져야 합니다.

저자는 자신의 저작물을 널리 알리고 홍보하는 노력을 해야 합니다. 소셜 미디어와 인터넷을 통한 마케팅, 저작물 관련 이벤트나 강연 등을 통해 독자들과 직접적인 소통의 기회를 만들어야 합니다. 또한, 출판사나 독립적인 출판 경로를 탐색하며 저작물을 홍보하고 배포하는 전략을 수립해야 합니다. 이를 통해 저작물이 더 많은 독자에게 도달할 수 있으며, 점차로 그들의 관심과 지지를 얻을 수 있습니다.

마지막으로, 저자는 출판 성공을 위한 여정에서 결코 혼자가 아니라는 사실을 기억해야 합니다. 독자와의 관계를 형성하고 유지하는 과정에서 피드백과 지원을 제공해 줄 독자들의 커뮤니티나 저자 그룹에 참여하는 것이 도움이 될 수 있습니다. 서로의 저작물을 읽고 피드백을 주고받는 것은 서로의 성장을 도모하고 독자들과의 연결을 튼튼히 하는 좋은 방법입니다.

독자의 마음을 얻기 위해서는 인내심과 끈기, 저작물의 질과 독자의 관점을 고려하는 태도, 홍보와 소통의 노력, 그리고 다른 저자들과의 협업과 지지가 필요합니다. 이 모든 노력과 인내가 결실을 맺을 때, 독자의 마음을 얻고 성공적인 출판을 이룰 수 있을 것입니다.

입소문 퍼트리기

출판계는 매우 경쟁적인 환경입니다. 수많은 저자가 자신의 저작물을 세상에 내놓고 독자들의 관심을 사로잡기 위해 노력하고 있습니다. 이러한 상황에서 저자로서 출판에 성공하기 위해서는 입소문을 효과적으로 퍼트리는 것이 매우 중요합니다. 입소문은 저작물을 알리고 홍보하는 가장 효과적인 방법의 하나로, 독자들에게 저작물의 존재와 가치를 알리는 열쇠입니다.

입소문을 퍼트리기 위해서는 첫 번째로 저작물 자체의 품질을 높여야 합니다. 독자들은 좋은 저작물을 찾기 위해 끊임없이 수많은 책을 탐색합니다. 따라서 저작물은 독자들의 기대를 충족시키고 흥미를 유발해야 합니다. 흥미로운 플롯, 다차원적인 캐릭터, 명료하고 생생한 문장은 저작물을 독자들에게 끌어당기는 데 도움이 됩니다. 저작물의 퀄리티를 높이기 위해서는 지속적인 연구와 꾸준한 작문의 실천이 필요합니다.

소셜 미디어와 인터넷 커뮤니티를 적극적으로 활용해야 합니다. 현대의 독자들은 대부분 온라인으로 정보를 찾고 소통합니다. 따라서 저자로서는 소셜 미디어 플랫폼에 적극적으로 참여하고, 자신의 저작물과 관련된 콘텐츠를 홍보하는 것이 중요합니다. 트위터, 페이스북, 인스타그램 등 다양한 플랫폼에서 독자들과 소통하고, 저작물 일부를 공개하거나 저작물의 생각과 감정을 공유해야 합니다. 또한, 인터넷 커뮤니티나 저자들의 모임에 참여하여 자신의 저작물을 소개하고 피드백을 받는 것도 유용합니다.

독자들과의 관계를 구축하고 유지해야 합니다. 독자들은 신뢰할 만한 저자와의 관계를 원합니다. 따라서 저자로서는 독자들과의 소통을 지속해서 유지하고, 그들의 관심을 끌어내는 활동을 해야 합니다. 독자들과의 상호작용은 온라인이나 오프라인에서 이루어질 수 있으며, 팬미팅이나 저자와의 사인회 등의 이벤트를 통해 독자들과 직접 만남을 주도 수도 있습니다. 이러한 활동은 독자들에게 저작물을 더욱 귀하게 만들어줄 뿐 아니라, 입소문을 효과적으로 확산시키는 데에도 큰 도움이 됩니다.

독자들에게 저작물을 소개하는 다양한 방법을 활용해야 합니다. 출판사와 협력하여 독자들에게 저작물을 홍보하는 것은 물론, 블로그나 온라인 매거진에 기고문이나 인터뷰를 싣는 것도 좋은 방법입니다. 저자로서의 활동을 넓혀가면서 다양한 매체와 독자들에게 자신의 저작물을 알리는 기회를 찾아야 합니다. 저작물을 소개하는 다양한 방법을 통해 독자들의 호기심을 자극하고, 저작물의 관심과 이야기가 계속해서 퍼지도록 해야 합니다.

저자로서 출판에 성공하기 위해서는 저작물의 품질을 높이고, 소셜 미디어와 인터넷 커뮤니티를 적극적으로 활용하며, 독자들과의 관계를 구축하고 유지하는 노력이 필요합니다. 입소문은 저작물의 가치를 알리고 독자들의 이목을 끌기 위한 강력한 도구입니다. 따라서 저자로서는 입소문을 효과적으로 퍼트리는 전략을 계획하고 실행하여 출판 성공을 이루어내야 합니다.

독자들과의 연결고리를 만들어야 합니다. 독자들은 저자와의 감정적인 연결을 원하며, 저자의 이야기와 경험에 공감하고자 합니다. 따라서 저자로서는 자신의 이야기를 솔직하게 공유하고, 독자들과의 대화를 적극적으로 끌어내야 합니다. 자신의 독서 경험, 창작 과정, 저작물에 담긴 메시지 등을 독자들과 나누는 것은 독자들에게 더욱 근접한 관계를 형성하는 데에 도움이 됩니다.

협력과 네트워킹은 출판 성공에 있어서 더욱 중요한 요소입니다. 저자들 간의 협력과 지원은 상호적 유익한 결과를 가져옵니다. 저자들은 서로의 저작물을 소개하고 홍보하는 등의 협력을 통해 독자들의 관심을 끌어낼 수 있습니다. 또한, 출판사나 에이전시와의 관계도 매우 중요합니다. 출판사와의 협업을 통해서 전문적인 마케팅 전략을 구축하고, 출판사의 리소스와 지원을 활용합니다. 또한, 에이전시나 에디터와의 관계를 통해 저작물의 품질을 높일 수 있고, 출판계의 동향과 정보를 얻습니다.

마지막으로, 시간과 인내심이 필요하다는 점을 기억해야 합니다. 출판 성공은 일시적인 것이 아니라 오랜 시간과 노력이 필요한 과정입니다. 저자로서는 저작물을 완성하는 데에 시간과 노력을 투자하고, 입소문을 퍼트리는 활동을 꾸준히 이어나가야 합니다. 또한, 성공을 바로 이루지 못하더라도 포기하지 말고 끊임없이 독자들과의 관계를 발전시키고, 저작물을 개선해 나가야 합니다.

저자로서 출판에 성공하기 위해서는 독자들과의 연결고리 형성, 협력과 네트워킹, 그리고 시간과 인내심이 필요합니다. 이러한 요소들을 종합적으로 고려하며, 출판 성공을 위한 전략을 구상하고 실행해야 합니다. 출판계의 경쟁적인 환경에서 두각을 나타내기 위해서는 저작물의 품질과 홍보 노력에 충실하면서도 독자들과의 관계 구축에도 충분한 노력을 기울여야 합니다.

헌신적인 팬으로 구성된 거리팀 구성

출판은 많은 저자에게 꿈을 이루는 기회를 제공하고, 독자들에게는 새로운 세계를 탐험하는 창을 열어줍니다. 그러나 출판업계는 경쟁이 치열한 분야로, 저자들은 자신의 저작물을 주목받을 수 있도록 책에 대한 입소문을 퍼뜨리는 방법을 찾아야 합니다. 이러한 과정에서 헌신적인 팬들로 구성된 거리팀이 나타나면, 그들은 저자에게 큰 지원과 함께 더 넓은 독자층을 모을 기회를 만들 수 있습니다.

거리팀은 저자를 위해 정기적으로 모이는 그룹으로, 저자와 그의 저작물을 향한 애정과 열정으로 이루어집니다. 이 팀은 저자와의 근접성과 신뢰 관계를 통해 저작물을 대중에게 알리는 역할을 합니다. 그들은 자발적으로 소셜 미디어 플랫폼에서 저자의 글을 공유하고, 이벤트나 사인회에 참여하여 저자와 독자들 간의 연결고리 역할을 수행합니다. 또한, 거리팀은 저자의 소식을 주기적으로 업데이트하고 관련된 커뮤니티에서 이야기를 확산시켜 주는 역할을 맡습니다.

저자와 거리팀의 협력은 서로 윈-윈 상황을 조성합니다. 저자는 팬들의 도움을 받아 책의 가시성을 높일 수 있고, 독자들과 더 강한 연결을 형성합니다. 특히, 거리팀은 저자와 대중 간의 소통을 원활하게 해주는 역할을 합니다. 저자는 독자들에게 직접적인 피드백과 반응을 받으며, 자신의 저작물에 대한 인사이트를 얻습니다. 이러한 상호작용은 저자가 독자들을 이해하고 더 나은 저작물을 만들 기회를 줍니다.

거리팀을 구성하고 운영하기 위해서는 몇 가지 중요한 요소를 고려해야 합니다. 첫째, 저자는 자신의 팬들을 모으기 위한 소셜 미디어 플랫폼을 활용해야 합니다. 트위터, 페이스북, 인스타그램과 같은 플랫폼은 팬들과의 상호작용을 촉진하고 저자의 책을 널리 알릴 수 있는 효과적인 수단입니다. 둘째, 저자는 팬들과의 관계를 구축하고 강화하기 위해 이벤트나 사인회와 같은 활동을 조직해야 합니다. 이러한 활동은 저자와 독자들 사이의 신뢰와 이해를 증진시키는 동시에, 책에 대한 입소문을 퍼뜨리는 데에도 큰 도움이 됩니다.

저자와 거리팀의 협력은 긴장감과 응원의 에너지로 가득 찬 경험이 됩니다. 저자는 팬들의 지원과 사랑을 느끼며, 자신의 저작물에 대한 자부심을 느끼게 됩니다. 독자들도 저자와의 직접적인 상호작용을 통해 더 깊은 연결을 형성하게 되고, 저자의 책을 홍보하는 데에 적극적으로 참여하게 됩니다.

거리팀은 저자에게 피드백과 지원을 제공하는 중요한 일을 합니다. 팬들은 저자의 저작물을 세심하게 읽고 분석하며, 긍정적인 측면과 발전의 가능성을 강조하거나 개선할 부분을 제안합니다. 이러한 피드백은 저자가 자신의 저작물을 성장시키고 향상시킬 수 있는 기반이 됩니다. 또한, 팬들은 저자의 저작물을 주변 사람들에게 소개하고 홍보하는 데에도 큰 역할을 합니다. 자신들이 좋아하는 저자와 그의 저작물에 대한 열정을 공유함으로써, 팬들은 책에 대한 입소문을 확산시키고 새로운 독자들을 유입합니다.

거리팀은 또한 저자의 홍보 및 마케팅 전략에도 큰 도움을 줍니다. 예를 들어, 소셜 미디어 플랫폼에서 팬들은 저자의 책을 소개하는 콘텐츠를 만들어 공유합니다. 이는 저자의 저작물을 넓은 범위의 독자들에게 노출할 수 있을 뿐만 아니라, 팬들의 개인적인 영향력을 활용하여 저작물의 홍보 효과를 극대화할 수 있습니다. 또한, 거리팀은 저자의 책을 소개하는 이벤트나 팬미팅을 기획하고 운영하는 역할도 맡습니다. 이를 통해 저자와 독자들 사이의 실제적인 만남과 소통의 기회를 부여하며, 저자의 인지도와 팬들과의 연결을 강화합니다.

거리팀은 저자에게 피드백과 지원을 제공하고 저작물을 홍보하는 역할을 하며, 저자와 독자들 간의 상호작용을 촉진시키고 책의 인기와 판매량을 증가시키는 데 큰 도움을 줍니다. 이러한 헌신적인 팬들로 구성된 거리팀은 저자들이 책 출판의 성공을 이루는 데에 있어서 중요한 동반자가 될 수 있습니다. 따라서, 저자들은 거리팀을 구성하고 그들과의 협력을 통해 저작물의 가시성과 인지도를 높이며, 독자들과 강한 연결을 형성하는 데 주목해야 합니다.

흥미롭고 공유 가능한 콘텐츠 제작

출판업계는 전통적으로 많은 도전과 고난을 겪어왔습니다. 그러나 현재의 디지털 시대에서는 새로운 기회와 가능성이 열려 있으며, 저자들이 스스로 책을 홍보하고 판매할 힘을 갖게 되었습니다. 이러한 기회를 최대한 활용하기 위해서는 블로그와 소셜 미디어 플랫폼을 통해 흥미로운 콘텐츠를 제작하고 공유하는 것이 중요합니다.

블로그는 저자에게 많은 장점을 안겨줍니다. 우선, 블로그는 개인적인 공간으로써 저자가 자유롭게 글을 쓸 수 있는 플랫폼입니다. 저자는 자신의 책과 관련된 주제에 대해 글을 쓰고 독자들과 소통할 수 있습니다. 이를 통해 저자는 자기의 생각과 이야기를 널리 알리며, 독자들과의 상호작용을 통해 다양한 피드백과 아이디어를 얻습니다. 또한, 블로그는 검색 엔진 최적화(SEO)를 통해 더 많은 독자에게 도달하는 수단입니다. 적절한 키워드와 글의 품질을 고려하여 블로그 글을 작성하면, 검색 결과에서 상위에 노출되어 더 많은 사람이 저자의 책에 대해 알게 될 것입니다.

소셜 미디어 플랫폼은 저자의 책을 홍보하고 판매하기에 이상적인 도구입니다. 특히, 트위터, 페이스북, 인스타그램 등의 플랫폼은 많은 사용자가 활동하고 있어 많은 잠재 독자에게 도달하는 장점이 있습니다. 저자는 소셜 미디어를 통해 책 일부를 공개하거나 예고편을 공유함으로써 독자들의 호기심을 자극합니다. 또한, 저자는 소셜 미디어를 통해 독자들과 직접 소통할 수 있으며, 독자들의 질문에 대답하거나 피드백을 받습니다. 이러한 상호작용은 독자들과의 관계를 형성하고 저자의 책에 더욱 관심을 머물게 합니다.

흥미로운 콘텐츠를 제작하는 것은 저자에게 중요한 도전입니다. 독자들은 단순히 광고나 홍보를 원하지 않습니다. 그들은 유익하고 흥미로운 내용을 원하며, 저자의 지식과 열정을 나누고 싶어 합니다. 저자는 독자들이 책에 대해 더욱 흥미를 두도록 관련된 주제의 기사, 해설, 가이드, 인터뷰 등을 작성합니다. 또한, 저자의 책에 관련된 이야기를 공유하거나 배경 이야기를 들려주는 것도 독자들의 호기심을 자극하는 방법입니다. 다양한 형식의 콘텐츠를 활용하여 독자들에게 새로운 정보와 재미를 안김으로써, 저자는 책의 홍보와 독자들과의 연결을 동시에 이룰 수 있습니다.

저자는 지속으로 블로그와 소셜 미디어 플랫폼을 활용해야 합니다. 단순히 한 번 글을 올리고 끝내는 것은 효과적이지 않습니다. 저자는 일정한 주기로 콘텐츠를 업데이트하고 활동을 유지해야 합니다. 이는 독자들에게 저자의 활발한 참여와 관심을 보여주는 것이며, 저자의 책에 대한 관심도를 높이는 방법입니다. 또한, 독자들의 피드백과 반응을 주시하고 이를 콘텐츠 제작에 반영하는 것도 중요합니다. 독자들은 자신들의 의견과 관심사를 존중받는 느낌을 받으면, 저자와의 관계를 더욱 강화하고 저자의 책에 관심을 둘 것입니다.

자비출판은 현대의 디지털 시대에서 새로운 가능성을 제공합니다. 블로그와 소셜 미디어 플랫폼은 저자가 스스로 책을 성공적으로 홍보하고 판매하는 도구입니다. 흥미로운 콘텐츠를 제작하고 공유함으로써 저자는 독자들과의 관계를 높일 수 있습니다. 자비출판은 독자와 저자 간의 상호작용과 커뮤니케이션을 튼튼히 하며, 저자의 성공을 끌어낼 수 있는 효과적인 전략입니다.

몇 가지 콘텐츠 제작 예시입니다.

주제 관련 기사: 저자는 자신의 책과 관련된 주제에 대해 깊이 있는 기사를 작성합니다. 예를 들어, 책이 역사 소설이라면 특정 시대나 인물 연구를 바탕으로 관련 기사를 작성하여 독자들에게 제공합니다.

해설 또는 분석: 저자는 자신의 책의 특정 장면이나 주제의 해설이나 분석을 제공합니다. 독자들은 저자의 관점에서 책을 이해하는 데 도움을 받으며, 저자의 통찰력과 전문성을 알 수 있습니다.

가이드 또는 팁: 저자는 자신의 책에서 다루는 주제에 관련된 실용적인 가이드나 팁을 제공합니다. 이는 독자들에게 추가 가치를 부여하고 저자의 전문성을 강조할 수 있는 좋은 방법입니다.

인터뷰: 저자는 자신의 책에 대한 인터뷰를 진행하거나, 다른 저자나 전문가와의 인터뷰를 통해 다양한 관점을 제공합니다. 이를 통해 독자들은 저자와의 대화를 통해 더욱 깊이 있는 이해를 얻습니다.

배경 이야기: 저자는 자신의 책에 관련된 배경 이야기를 공유합니다. 독자들은 저자의 창작 과정이나 책에 담긴 아이디어에 대한 흥미로운 이야기를 듣고자 할 것입니다.

인용문 및 이미지 공유: 저자는 자신의 책에서 강조하고자 하는 인용문이나 특정 장면과 관련된 이미지를 공유합니다. 이는 독자들의 호기심을 자극하고 책에 대한 미리 보기를 제공하는 데 도움이 됩니다.

이러한 콘텐츠는 블로그나 소셜 미디어 플랫폼을 통해 제공하며, 독자들과의 상호작용과 피드백 수렴을 위한 댓글 및 공유 기능을 활용하는 것입니다. 저자는 다양한 형식과 주제의 콘텐츠를 조합하면 독자들의 흥미를 끌어 올릴 수 있습니다.

책 홍보 글 무한대로 써주는 챗GPT

이제 챗GPT 활용법은 늦게 배울수록 손해입니다. 모를수록 멀리할수록 소중한 보물을 놓치는 격입니다.

지난 수년 동안 인공지능 기술은 놀랄만한 발전을 이루어왔습니다. 그중에서도 가장 주목할 만한 기술 중 하나는 OpenAI가 개발한 GPT-3.5 모델입니다. 이 모델은 놀라운 자연어 처리 능력을 갖추고 있으며, 대화 형식으로 글을 작성하는 능력을 갖추고 있습니다. 이러한 기술을 활용하여 챗GPT를 사용하여 책 홍보 글을 무한대로 만들어내는 것은 저자들에게 큰 도움이 됩니다.

책 출판은 저자에게 꽤 부담스러운 일입니다. 책을 완성하고 출간하는 것만으로도 큰 노력과 시간이 필요합니다. 그러나 책을 출판한 다음에도 저자들은 큰 노력을 기울여야 합니다. 책을 홍보하고 독자들에게 알리는 일은 출판된 저작물을 성공적으로 확산시키는 핵심 요소입니다. 그러나 많은 저자는 홍보에 큰 비용과 시간을 투자하기 어렵다는 문제를 가지고 있습니다.

여기서 챗GPT가 나타납니다. 이 기술을 사용하면 저자들은 책 홍보 글을 무한대로 만들어 낼 수 있습니다. 챗GPT는 인공지능 기술을 기반으로 하여 대화 형식으로 글을 작성하는데, 이는 독자들과 소통하며 책을 홍보하는 데 매우 유용합니다. 저자들은 자신의 책에 대한 핵심 내용을 챗GPT에 알려주면, 챗GPT는 그 내용을 바탕으로 독자들이 흥미를 느낄 수 있는 다양한 홍보 글을 작성해 줍니다.

챗GPT를 사용하여 책 홍보 글을 작성하는 것은 매우 효율적입니다. 이 기술은 빠르고 정확한 글 작성을 통해 저자들에게 시간과 비용을 절약해 줍니다. 저자들은 직접 홍보 글을 작성하는 데 드는 시간과 노력을 줄일 수 있으며, 동시에 챗GPT가 생성해 낸 글은 다양한 스타일과 어조로 작성될 수 있어서 독자들의 다양한 취향과 관심을 사로잡을 수 있습니다.

그뿐만 아니라, 챗GPT는 저자들의 창의성을 자극해 줄 수 있는 도구이기도 합니다. 저자들은 챗GPT를 사용하여 다양한 아이디어와 콘텐츠를 생성할 수 있으며, 이를 통해 독자들에게 더욱 흥미로운 경험을 안겨줍니다. 챗GPT는 저자의 의도에 따라 글을 작성하기 때문에, 저자들은 자신만의 독특한 스타일과 목적에 맞게 콘텐츠를 제작할 수 있습니다.

그러나 챗GPT를 사용하여 책 홍보 글을 작성하는 것은 단순히 효율성과 창의성을 향상하는 것 이상의 가치를 지닙니다. 이러한 기술은 저자와 독자 사이의 연결고리를 형성합니다. 독자들은 챗GPT를 통해 저자와 직접 소통하는 듯한 경험을 할 수 있으며, 이는 독자들의 참여와 관심을 끌어올리는 데 도움을 줍니다. 또한, 챗GPT를 사용하여 작성된 글은 독자들에게 저자의 책에 대한 더 깊은 이해와 동경심을 일깨워 줍니다.

챗GPT를 통해 책 홍보 글을 무한대로 만들어 낼 수 있다는 것은 저자들에게 무궁무진한 가능성을 제시해줍니다. 이 기술은 저자들이 한정된 자원과 시간으로도 충분한 홍보 활동을 할 수 있도록 도와줍니다. 저자들은 챗GPT를 통해 전 세계적으로 많은 독자에게 도달하고, 자신의 저작물을 더욱 널리 알릴 수 있습니다.

챗GPT를 통해 책 홍보 글을 무한대로 만들어내는 것은 저자들에게 시장에 대한 통찰력을 부여합니다. 챗GPT는 대화 형식으로 작동하기 때문에, 독자들의 관심사와 요구를 파악하고 그것에 맞게 홍보 내용을 조정할 수 있습니다. 이를 통해 저자들은 독자들의 니즈와 트렌드에 빠르게 대응할 수 있으며, 책을 효과적으로 마케팅할 수 있습니다. 이는 저자들이 독자들과 더욱 긴밀하게 상호작용하고, 피드백과 반응을 받을 기회를 줍니다.

게다가, 챗GPT를 통해 책 홍보 글을 작성하는 과정은 저자들에게 창작의 재미와 보람을 더해줍니다. 챗GPT는 저자들에게 아이디어와 내용을 자동 생성하는 능력을 부여하며, 이는 새로운 창작 과정을 촉진합니다. 저자들은 자신의 저작물에 대한 새로운 관점과 아이디어를 얻을 수 있고, 챗GPT와의 상호작용을 통해 창작력을 발휘할 수 있습니다. 이는 저자들에게 창작 과정에서의 혁신과 발전을 끌어내며, 저작물의 질을 향상할 기회를 줍니다.

또한, 챗GPT를 활용한 책 홍보는 저자들에게 지속적인 마케팅 장점을 안깁니다. 챗GPT는 작성된 글을 기록하고 저장하는 능력을 갖추고 있으므로, 저자들은 작성된 홍보 글을 나중에 재활용하거나 수정하여 다양한 채널과 플랫폼에 활용할 수 있습니다. 이를 통해 저자들은 책 출간 이후에도 지속해서 홍보 활동을 진행하며, 독자들에게 저작물을 계속해서 알릴 수 있습니다. 이는 저자들에게 장기적인 판매 및 인지도 증진의 장점을 안기며, 저자 경력을 성장시킬 수 있게 됩니다.

　마지막으로, 챗GPT를 통해 만들어진 책 홍보 글은 독자들에게 진정한 가치를 전달합니다. 챗GPT는 인공지능이지만, 그 안에는 사람들이 입력한 다양한 정보와 내용이 담겨있습니다. 따라서 챗GPT를 통해 작성된 글은 사람의 지식과 인간적인 관점을 반영하며, 독자들에게 실제로 도움이 되고 유익한 정보를 제공합니다. 이는 독자들이 책에 대한 신뢰와 관심을 끌게 하며, 저자들의 저작물을 더욱 긍정적으로 인식하게 합니다.

　따라서, 챗GPT를 활용하여 책 홍보 글을 무한대로 만들어내는 것은 저자들에게 다양한 혜택과 장점을 안깁니다. 효율성과 창의성을 향상하는 동시에, 저자들은 독자들과의 연결고리를 형성하고 시장의 트렌드에 빠르게 대응할 수 있습니다. 또한, 챗GPT를 통한 책 홍보는 저자들에게 창작의 즐거움을 더해주며, 지속적인 마케팅 장점과 가치 전달의 기회를 줍니다. 따라서 저자들은 챗GPT를 적극적으로 활용하여 책을 홍보하고 성공적인 출판 경험을 이끌어내야 합니다.

이 책에서 이야기하는 키워드, 스토리텔링 등등을 이용한 책 홍보 방법에는 챗GPT를 적극적으로 활용하면 됩니다.

자존심을 버려라

자신의 책을 홍보하고 마케팅하는데 저자의 자존심은 버려야 합니다. 자신의 저작물을 널리 알리고 판매량을 늘리는 것은 저자로서의 성공을 의미합니다. 이를 위해서는 자신의 자존심을 버리고 다양한 실험과 도전을 해야 합니다.

책을 출판하고 독자들과 만남을 꿈꾸는 저자들에게 있어, 자신의 책을 홍보하고 마케팅하는 과정은 불가피한 일입니다. 그러나 이러한 과정에서 저자들은 자신의 자존심을 버려야 한다는 것을 알고 있어야 합니다. 왜냐하면, 자존심은 자기 홍보에 제약을 가하고, 더 나아가 출판 성공의 걸림돌이 될 수 있기 때문입니다.

첫째로, 자신의 책을 홍보하고 마케팅하는 과정에서 자존심을 버리는 것은 긍정적인 자세를 취하는 첫걸음입니다. 저자로서 자신의 저작물에 자부심을 지니는 것은 당연한 일이지만, 이를 홍보하는 과정에서 지나치게 자신을 과시하거나 자랑스러워하기보다는 독자들의 입장에서 생각해보아야 합니다. 독자들은 자신들의 관심과 시간을 투자하여 책을 선택하고 읽습니다. 따라서 자존심을 버리고 독자들의 니즈와 요구를 이해하고 반영하는 것이 중요합니다. 자신의 책을 홍보하면서 독자들의 니즈와 관심사에 부합하는 내용을 강조하고, 독자들과 소통할 방법을 모색해야 합니다.

둘째로, 자존심을 버리면서 자신의 책을 홍보하는 저자는 더 넓은 시야를 갖게 됩니다. 출판은 경쟁이 치열한 분야입니다. 많은 저자가 자신의 저작물을 알리기 위해 적극적인 마케팅을 시도하고 있습니다. 이러한 상황에서 자존심을 갖고 자신의 방법을 고집하면서 한계에 부딪힐 수 있습니다. 반면, 자신의 자존심을 버리고 다양한 마케팅 전략과 아이디어를 탐색한다면 새로운 기회를 발견할 수 있습니다. 독자들의 관심을 끌고 책을 홍보하기 위해 소셜 미디어, 블로그, 이벤트 등 다양한 채널을 이용하는 것은 출판 성공을 위한 필수적인 전략입니다.

셋째로, 자신의 자존심을 버리면서 자신의 책을 홍보하는 저자는 피드백을 수용하는 유연성을 갖출 수 있습니다. 출판된 책은 독자들과의 상호작용을 통해 발전해야 합니다. 독자들의 의견과 피드백을 열렬히 수용하고, 이를 토대로 책을 개선하거나 다음 저작물에 반영하는 것은 성공적인 저자의 자세입니다. 그러나 자존심이 너무 강하다면 자신의 저작물을 비판받는 것을 거부하고, 피드백을 무시하거나 반박하는 경향이 생깁니다. 자신의 자존심을 버리고 다른 의견을 수용하는 자세를 갖춘 저자는, 독자와의 관계를 더욱 강화할 수 있으며, 그 결과 출판 성공에 한 발짝 더 가까워질 수 있습니다.

또한, 자신의 자존심을 버리면서 다른 저자들과의 협업이나 네트워킹을 추구할 수도 있습니다. 저자들은 서로를 경쟁자로만 보기보다는 동료로서의 관계를 구축하고 지원해야 합니다. 다른 저자들과의 협업을 통해 상호, 홍보와 교차 판매를 이루어낼 수 있으며, 저자들 간의 지식과 경험을 공유함으로써 더 큰 성과를 이룰 수도 있습니다. 자신의 자존심을 버리고 다른 저자들과 소통하고 협력하는 과정에서 더 많은 기회와 독자층을 확보할 수 있습니다.

자신의 자존심을 버리고 책을 홍보하는 과정에서 실패와 거절을 견뎌내는 강한 정신력이 필요합니다. 출판 성공은 쉽게 찾아오지 않습니다. 많은 저자가 실패와 거절을 경험하면서도 포기하지 않고 계속해서 노력하여 성장해왔습니다. 자신의 자존심을 버리고 실패를 받아들이는 것은 저자로서의 인내와 결단력을 발휘하는 것입니다. 거절을 받을 수도 있지만, 그것을 겁내지 말고 긍정적으로 받아들이고 자신을 개선하는 데 활용해야 합니다.

출판 성공을 이루기 위해서는 자신의 책을 홍보하고 마케팅하는 과정에서 자존심을 버려야 한다는 사실을 깨달아야 합니다. 자신의 책을 홍보하고 마케팅하는 과정에서 자존심을 버리는 것은 출판 성공을 위한 필수적인 요소입니다. 독자들의 니즈와 요구를 이해하고, 다양한 마케팅 전략을 탐색하며, 피드백을 수용하는 유연성을 갖출 때, 저자는 출판 성공을 이끌어낼 수 있을 것입니다. 저자의 자부심은 저작물에 담긴 가치를 인정받기 위한 동기로 작용해야 하며, 이를 위해서는 자신의 자존심을 버리고 독자와의 상호작용을 중시해야 합니다. 출판 성공은 저자와 독자가 함께 만들어가는 결과입니다. 또한, 다양한 마케팅 전략과 실험을 통해 저자로서 성장할 수 있으며, 협업과 네트워킹을 통해 더 큰 성과를 이룰 수 있습니다. 실패와 거절을 견뎌내는 강한 정신력을 갖추면서도 저자로서 열정과 인내심을 지속해야 출판 성공에 한 발짝 더 가까워질 수 있습니다.

기존 연락처, 친구와 가족 네트워크 활용

출판은 저자들에게 독자들과의 연결과 창작물을 세상에 알리는 중요한 단계입니다. 특히 자비출판은 자기 출판시장의 증가와 함께 많은 저자에게 저렴하고 유연한 선택이 되었습니다. 그러나 책을 성공적으로 판매하고 효과적인 리뷰를 얻기 위해서는 기존 연락처, 친구와 가족 네트워크를 적극적으로 활용하는 것이 중요합니다.

처음 출판하는 저자들에게는 새로운 독자들을 확보하기 어려운 일입니다. 이때 기존 연락처를 활용하는 것은 중요한 전략입니다. 이메일 주소, 소셜 미디어 계정, 전화번호 등을 가지고 있는 사람들에게 출판된 책에 대한 소식을 전하면서, 저자는 이들에게 자신의 저작물에 대한 정보와 링크를 제공하여 책을 구매하거나 리뷰를 작성할 것을 부탁하는 것입니다. 기존 연락처를 활용하면 독자들과의 관계를 유지하고 향후 출판 계획에 대해 알리는 데도 도움이 됩니다.

또한, 가족과 친구들은 출판된 저작물에 대한 지지와 영향력이 큽니다. 가족 구성원과 친구들은 저자의 성공을 응원하고, 그들의 소셜 미디어 계정이나 개인 블로그를 통해 책을 홍보할 수 있습니다. 저자는 가족 구성원과 친구들에게 자신의 책을 구매하고 리뷰를 작성하거나 추천할 것을 부탁할 수 있습니다. 이러한 지지는 저자의 책이 더 많은 사람에게 알려지고 판매량에 도움이 됩니다.

하지만 가족과 친구들에게 자신의 책을 구매하도록 강요하거나 리뷰를 작성하도록 강요하는 것은 바람직하지 않습니다. 저자는 진심으로 가족과 친구들에게 자신의 저작물에 관심을 표현하고, 그들의 도움과 지지를 부탁하는 것이 중요합니다. 강요하지 않고 자연스럽게 독자들의 관심을 불러일으키는 것이 좋은 결과를 얻는 비결입니다.

책을 판매하고 리뷰를 얻기 위해 기존 연락처, 친구와 가족 네트워크를 활용하는 것은 출판된 저작물의 초기 성공에 큰 영향을 미칩니다. 이를 통해 저자는 책을 구매하고 리뷰를 작성하는 독자들의 관심을 유발하고, 출판된 저작물을 더욱 넓은 독자층에 알릴 수 있습니다. 기존 연락처와 가족, 친구들의 지지는 저자에게 큰 힘과 자신감을 줄 뿐만 아니라, 저자의 저작물이 성공적으로 세상에 알려질 수 있는 발판을 마련해 줄 것입니다.

자비출판은 독립적인 저자들에게 많은 기회를 부여하고 있습니다. 이때 기존 연락처, 친구와 가족 네트워크를 적극적으로 활용하는 것은 저자들이 초기 책 판매와 리뷰 획득을 위해 사용할 수 있는 효과적인 전략입니다. 출판된 저작물은 관심을 일으키고 독자들의 지지를 받으며, 저자는 자신의 저작물을 성공적으로 세상에 알릴 수 있을 것입니다.

기존 연락처, 친구와 가족 네트워크를 활용하여 초기 책 판매와 리뷰 획득에 다양한 전략을 사용할 필요가 있습니다. 예를 들어, 저자는 소셜 미디어를 적극적으로 활용하여 독자들과의 상호작용을 촉진할 수 있습니다. 자신의 저작물에 관련된 내용을 소셜 미디어 계정에 게시하고, 독자들과의 대화에 참여하여 저작물 이야기를 나누며, 이를 통해 독자들과의 연결을 강화하고 책을 구매하거나 리뷰를 작성할 동기를 부여할 수 있습니다.

또한, 저자는 책을 홍보하고 독자들의 관심을 끌기 위해 이벤트나 독자들을 위한 특별한 혜택을 고려할 수도 있습니다. 가족과 친구들에게서 도움을 받아 독자들을 초대하고 저자와의 만남이나 사인회 등을 개최할 수 있습니다. 이러한 이벤트는 독자들에게 저자와의 친밀감을 느끼게 하고, 책을 구매하거나 리뷰를 작성하는 동기를 높입니다.

또한, 저자는 독자들에게 책 일부를 미리 보여주거나 출판 전에 리뷰어나 전문가들에게 저작물을 보내 의견을 수렴할 수도 있습니다. 이를 통해 사전에 피드백을 받고 저작물을 개선하는 기회를 가질 수 있습니다. 또한, 리뷰어나 전문가들로부터 긍정적인 리뷰와 추천을 받으면 책에 대한 신뢰도가 높아지고 독자들의 관심을 끌게 됩니다.

마지막으로, 저자는 출판된 저작물에 대한 온라인 리뷰 플랫폼을 적극적으로 활용할 수 있습니다. 독자들에게 책을 구매하고 리뷰를 작성해달라고 부탁하는 것뿐만 아니라, 리뷰 플랫폼에 자신의 저작물을 등록하고 독자들의 관심을 끌어들입니다. 리뷰 플랫폼을 통해 저자는 더 많은 독자에게 자신의 저작물을 알릴 수 있고, 리뷰를 통해 저작물의 가치와 품질로 잘 알리게 됩니다.

기존 연락처, 친구와 가족 네트워크를 활용하여 초기 책 판매 및 리뷰 획득을 위한 전략을 구체적으로 계획하고 실행하는 것은 저자의 출판 성공에 도움이 됩니다. 이를 통해 저자는 독자들과의 연결을 튼튼히 하고, 저작물을 더 많은 사람들에게 알리며, 판매량과 인지도를 높일 수 있습니다.

책의 외모에 지나치게 집착하지 말자

　책을 쓰는 것은 많은 사람에게 꿈과 목표를 실현할 기회를 줍니다. 그러나 책을 쓴다는 것은 동시에 출판 과정에서 수많은 결정을 내려야 한다는 것을 의미하기도 합니다. 저자로서, 나의 책이 성공적으로 출판되고 많은 독자에게 전달될 수 있도록 하는 것은 중요한 과정입니다. 그러나 이 과정에서 가장 큰 실수 중 하나는 외모에 너무 집착하여 핵심적인 가치와 유익함을 간과하는 것입니다.

　출판업계는 시장 경쟁과 저자들 사이의 경쟁으로 인해 외모에 대한 강박을 불러일으킵니다. 저자들은 표지 디자인, 레이아웃, 종이 품질 등의 세부 사항에 많은 시간과 에너지를 투자하곤 합니다. 이러한 요소들은 출판물을 시각적이고 매력적으로 보여주긴 하지만, 독자들에게 제공하는 가치와 정보의 풍부함을 대체할 수는 없습니다.

예를 들어, 한 책이 외관이 아름답게 디자인되고 가격이 비싸더라도 내용이 가볍고 유익하지 않다면, 독자들은 금세 그 가치를 발견하고 실망할 것입니다. 독자들은 책을 구매하고 읽는 것은 물론이고, 가치 있는 정보와 인사이트를 찾기 위해 책을 선택합니다. 따라서 저자로서는 독자들의 요구와 기대를 충족시킬 수 있는 내용과 유익함에 집중해야 합니다.

책 외모에 집착하는 것은 또한 저자의 노력과 열정을 방해할 수 있습니다. 책을 제작하는 동안 디자인과 포장에 많은 시간과 자원을 할애하면, 저자는 책의 핵심 아이디어를 발전시키고 표현하는 데 집중하는 시간을 제한하게 됩니다. 책을 출간하는 일은 대개 큰 도전이며, 내용을 충실히 전달하고 독자들에게 유익한 메시지를 전달하기 위해 충분한 시간과 노력이 필요합니다. 따라서 외모에 과도한 관심을 기울이는 대신에, 책의 핵심 아이디어와 메시지에 더욱 집중해야 합니다.

게다가, 책을 제작하면서 외모에 집착하는 것은 독자들과의 관계를 형성하는 과정에서도 문제가 됩니다. 독자들은 책을 통해 저자와의 연결고리를 형성하고 신뢰를 배양하려고 합니다. 따라서 저자가 책의 외관에 지나치게 집착한다면, 독자들은 그들의 요구와 기대를 충족시키지 못하는 저자로 인식할 수 있습니다. 이는 독자의 관심과 지지를 상실할 수 있는 결과를 초래합니다.

또한, 책을 출판하면서 외모에 너무 많은 관심을 기울이면 비용과 시간 측면에서도 부담이 됩니다. 디자인, 인쇄, 포장 등의 외관 요소들은 추가 비용을 동반하며, 책 제작 프로세스에 더 많은 시간이 필요합니다. 이로 인해 예산 초과나 일정 지연 등의 문제가 발생할 수 있으며, 이는 출판 전략과 마케팅 활동에도 영향을 미칩니다.

따라서, 저자들은 책을 제작하면서 외모에 과도한 관심을 두는 대신, 더 큰 유익함과 가치에 집중해야 합니다. 내용의 풍부함과 품질, 독자들에게 제공하는 해결책과 정보의 가치가 더욱 중요합니다. 독자들은 유용하고 의미 있는 내용을 찾고 있으며, 책이 그들의 기대에 부응한다면 장기적인 성공을 이룰 수 있습니다.

다만, 저자는 책의 외관을 소홀히 해서는 안 됩니다. 책은 시각적인 매력을 가지고 독자들에게 끌어들이는 역할을 합니다. 따라서 적절한 디자인과 품질을 유지하면서도, 핵심 메시지와 내용에 충실한 책을 만들어야 합니다. 외관과 내용은 상호보완적이며, 둘 다 충분한 주의를 기울여야 합니다.

　책을 제작하고 출판하는 과정에서 외모에 집착하는 것은 유혹적일 수 있지만, 더 큰 유익함과 가치를 찾아가는 노력이 중요합니다. 독자들에게 가치 있는 경험을 제공하기 위해서는 핵심 아이디어와 메시지를 중심으로 한 콘텐츠 개발에 집중해야 합니다. 외관은 책의 문을 열어주는 역할을 하지만, 내용이 독자들을 매료시키고 실질적인 가치를 전달한다는 것을 명심해야 합니다.

책 제작 과정이 늘어지면 저자도 출판사도 기운을 빼앗긴다

책을 출판하는 것은 많은 저자에게 끊임없는 꿈입니다. 그러나 출판의 성공은 단순히 책을 쓰는 데만 관여하는 것이 아니라, 출판사와의 긴밀한 협업을 필요합니다. 저자와 출판사는 서로가 서포트하며 공동의 목표를 이루기 위해 노력해야 합니다. 그러나 때로는 책 제작 과정이 늘어지면, 양측 모두가 힘들어지고 기운을 빼앗기는 상황이 벌어집니다.

첫째로, 저자와 출판사의 협력은 출판의 핵심입니다. 저자는 자신의 아이디어와 이야기를 책으로 구현하고자 합니다. 그러나 출판사는 책을 상업적으로 성공시키기 위해 마케팅, 편집, 디자인, 인쇄 등 다양한 과정을 거쳐야 합니다. 이러한 작업은 저자와 출판사의 긴밀한 협업을 요구합니다. 저자는 출판사와의 소통을 통해 자신의 의도와 목표를 명확히 전달해야 하며, 출판사는 저자의 작업을 존중하고 최선을 다해 지원해야 합니다. 이러한 협력은 출판의 성공과 저자와 출판사 간의 신뢰 관계를 형성하는 데 결정적인 역할을 합니다.

그러나 책 제작 과정이 늘어지면, 저자와 출판사는 서로의 기운을 빼앗기게 됩니다. 제작 지연은 저자의 열정과 의욕을 무뎌지게 하며, 출판사의 일정과 예산에도 영향을 미칩니다. 저자는 책을 완성하여 독자들과 공유하고자 하는 간절한 열망을 품고 있습니다. 그러나 제작 과정이 늘어지면, 이 열망은 실망과 좌절로 변할 수 있습니다. 저자는 자신의 작업이 미루어지는 것에 대한 불안과 불만을 품게 되고, 창작의 에너지가 저하됩니다. 또한, 출판사는 지연으로 인해 원활한 일정과 예산 조정이 어려워지며, 업무에 지침과 압박을 받습니다. 이로 인해 출판사는 저자와의 소통과 협업에 더욱 어려움을 겪게 되고, 상호 간의 신뢰와 원활한 업무 진행이 어렵게 됩니다.

책 제작 과정의 지연은 저자와 출판사 모두에게 손해를 입힙니다. 저자는 출판사와의 협력으로부터 영감과 지원을 받으며, 자신의 작업을 최상의 수준으로 완성시키기를 바랍니다. 그러나 작업 지연은 저자의 창작 열망을 저하하며, 출판사와의 협업을 힘들게 합니다. 출판사는 책의 성공을 위해 저자와의 긴밀한 협력과 원활한 일정이 필요로 합니다. 그러나 제작 과정의 지연은 출판사의 예산과 일정에 악영향을 미치며, 저자와의 협력 관계를 약화시킵니다.

저자나 출판사는 책 제작 자체보다 출간 이후 홍보와 마케팅에 더욱 에너지를 쏟아야 합니다.

책을 출간하는 것은 저자나 출판사에 있어서 큰 성취입니다. 그러나 출간 후에도 작업은 끝나지 않습니다. 실제로, 출간 이후의 홍보와 마케팅 단계가 책의 성공을 좌우하는 중요한 요소입니다. 왜냐하면, 출간된 책이 많아지면서 경쟁이 치열해지고, 독자들은 무수한 선택지 중에서 주목할 만한 책을 찾아야 하기 때문입니다.

출간 이후의 홍보와 마케팅은 책의 가시성을 높이고 독자들의 관심을 끌기 위해 필수적입니다. 출간된 책이 있더라도 독자들은 그 존재를 모르는 경우가 많습니다. 따라서 저자와 출판사는 효과적인 홍보 전략을 통해 책을 대중에게 알리고 관심을 끌어야 합니다. 이는 온라인과 오프라인에서 다양한 마케팅 도구와 채널을 이용하여 이루어집니다. 소셜 미디어, 블로그, 웹사이트, 독서 커뮤니티 등을 통해 책 소개와 관련 이벤트를 홍보하고, 독서 플랫폼이나 서점과의 협력을 통해 책을 노출함으로써 독자들의 관심을 끌어내야 합니다.

 출간 이후의 홍보와 마케팅은 책의 판매를 촉진하고 독자들과의 관계를 형성하는 데 중요한 역할을 합니다. 책이 출간되었다고 해서 자동으로 판매되지 않습니다. 홍보와 마케팅을 통해 책의 가치와 장점을 강조하고, 독자들에게 구매를 유도하는 활동을 해야 합니다. 이는 독서 관련 이벤트, 사인회, 강연 등을 통해 저자와 독자들의 직접적인 상호작용을 조성하고, 독자들과의 소통을 통해 책의 관심과 신뢰를 형성하는 것을 포함합니다. 이렇게 관계를 형성하면 독자들은 저자나 출판사의 다음 저작물에 대한 기대를 품게 되고, 장기적인 독자들의 지지와 충성을 얻을 수 있습니다.

 출간 이후의 홍보와 마케팅은 책의 장기적인 성공을 위한 토대를 마련합니다. 출간은 단기적인 목표일 수 있지만, 책의 장기적인 성공을 위해서는 지속적인 홍보와 마케팅 노력이 필요합니다. 책이 처음에는 제한된 독자들에게 알려지더라도, 긍정적인 평가와 소문을 통해 점차로 확산할 수 있습니다. 또한, 책의 홍보와 마케팅은 저자의 개인 브랜드 구축에도 도움을 줍니다. 저자는 자신의 저작물을 통해 독자들과의 연결고리를 형성하고, 전문성과 창의성을 보여줌으로써 자신의 명성을 쌓을 수 있습니다.

　결론적으로, 출간 이후의 홍보와 마케팅은 저자와 출판사가 책의 성공을 위해 더욱 에너지를 쏟아야 할 중요한 단계입니다. 출간된 책이 양질의 저작물일지라도, 홍보와 마케팅 노력 없이는 독자들의 관심을 끌기 어렵습니다. 따라서 저자와 출판사는 출간 이후의 단계에서 적극적으로 책을 홍보하고, 독자들과의 관계를 형성해야 합니다. 이를 통해 책의 가시성을 높이고 판매를 촉진하며, 장기적인 성공을 끌어낼 수 있습니다.

목표를 설정하고 책의 제작 및 출시 일정 수립

책을 출판하는 것은 많은 저자에게 꿈이자 목표입니다. 그러나 출판의 세계는 경쟁이 치열하고 예측할 수 없는 요소들로 가득 차 있기에 저자로서 성공하기 위해서는 현실적인 목표를 설정하고 체계적인 계획을 수립하는 것이 중요합니다. 이 글에서는 저자 부담출판이 성공하려면 현실적인 목표를 설정하고 책의 제작 및 출시 일정을 수립하는 과정에 대해 알아보도록 하겠습니다.

우선, 출판을 위해 현실적인 목표를 설정하는 것은 필수적입니다. 목표는 구체적이고 실현 가능한 것이어야 합니다. 예를 들어, '1년 내 책을 완성하여 출판사에 제안하기'와 같은 구체적인 목표를 세울 수 있습니다. 이러한 목표는 저자에게 명확한 방향성을 제공하고 계획을 세우는 데 도움이 됩니다.

다음으로, 책의 제작 과정을 체계적으로 계획해야 합니다. 책을 쓰는 과정은 저자마다 다를 수 있지만, 일반적으로는 아이디어 도출, 구상, 초안 작성, 수정 등의 단계를 거칩니다. 단계마다 목표와 일정을 설정하여 계획을 구체화해야 합니다. 예를 들어, '한 주 동안 아이디어 도출에 집중하여 5개의 주제를 선정한다.'와 같은 구체적인 계획을 세울 수 있습니다. 이러한 계획은 저자가 목표를 달성하기 위해 어떤 단계들을 거쳐야 하는지를 알려주고 일정을 관리하는 데 도움이 됩니다.

또한, 출판 일정을 수립하는 것은 중요한 요소입니다. 출판 일정은 책의 완성과 출시를 위한 일련의 과정을 포함해야 합니다. 예를 들어, '2달 동안 초안 작성에 집중하여 매주 5장씩 완성한다.'와 같은 구체적인 일정을 세울 수 있습니다. 출판 일정은 저자에게 작업의 순위와 기한을 알려주며, 계획을 계속 추적하고 조정하는 데 도움이 됩니다.

자비출판의 성공을 위해 지속적인 노력과 유연성이 필요합니다. 계획이 항상 완벽하게 수행되지 않을 수 있으며 예기치 않은 상황들이 발생할 수 있습니다. 이럴 때는 유연하게 계획을 조정하고 새로운 방향을 모색해야 합니다. 출판의 성공은 시간과 노력이 필요한 과정이므로, 지속적인 열정과 인내심을 가지고 임하는 것이 중요합니다.

출판은 큰 도전이지만 현실적인 목표를 설정하고 체계적인 계획을 수립하는 것으로 시작할 수 있습니다. 저자부담출판의 성공을 위해서는 구체적인 목표와 일정을 세우고 지속적인 노력과 유연성을 갖추는 것이 필요합니다. 저자로서 출판의 세계에서 성공을 이루기 위해 현실적인 목표 설정과 계획 수립에 주의를 기울이는 것은 매우 중요한 요소입니다.

전문 웹 사이트 및 소셜 미디어 채널을 통해 강력한 온라인 입지를 구축

출판업계는 현재 디지털 시대의 도래로 큰 변화를 겪고 있습니다. 이전에는 저자가 출판사를 통해 책을 출간하고 홍보를 담당하는 것이 일반적이었지만, 이제는 인터넷과 소셜 미디어를 통해 자체적인 온라인 입지를 구축하는 것이 필수적입니다. 이러한 변화 속에서 저자들은 자신의 저작물을 성공적으로 출판하고 홍보하기 위해 전문 웹 사이트와 소셜 미디어 채널을 적극적으로 활용해야 합니다.

전문 웹 사이트는 저자에게 많은 이점을 안깁니다. 먼저, 웹 사이트는 저자의 저작물과 관련된 모든 정보를 한곳에 모아 제공하는 플랫폼입니다. 저작물의 줄거리, 캐릭터 소개, 출간일 및 구매 링크와 같은 정보를 제시함으로써 독자들의 흥미를 유발하고 구매로 이어집니다. 또한, 웹 사이트는 저자의 저작물을 소개하는 데 사용하는 다양한 매체를 포함합니다. 독자들에게 예고편이나 트레일러, 저작물 일부를 무료로 제시하여 미리 맛보게 함으로써 저작물에 대한 호기심을 자극합니다. 더불어 웹 사이트는 저자와 독자 간의 상호작용을 촉진하는 기능을 제공합니다. 독자들은 웹 사이트를 통해 질문을 남기거나 의견을 공유하며, 저자는 이를 통해 독자들과 소통하고 피드백을 받습니다. 이렇게 함으로써 독자들과의 관계를 강화하고 출판업계에서의 저자의 이미지를 구축할 수 있습니다.

 소셜 미디어 채널을 활용하는 것도 저자에게 큰 도움이 됩니다. 소셜 미디어는 많은 사람이 참여하고 있는 플랫폼으로, 다양한 콘텐츠를 손쉽게 공유하고 홍보하는 장점이 있습니다. 저자는 자신의 저작물을 소셜 미디어를 통해 홍보하고 독자들과의 상호작용을 활발히 할 수 있습니다. 트위터나 인스타그램 같은 플랫폼에서 저작물 일부를 공개하거나 퀴즈나 이벤트를 통해 독자들을 즐겁게 만들 수 있습니다. 또한, 소셜 미디어는 저자에게 실시간으로 피드백을 받을 기회를 줍니다. 독자들의 의견을 듣고 이에 대해 빠르게 대응함으로써 저자는 저작물을 개선하고 독자들의 요구에 부응할 수 있습니다. 이를 통해 저자는 독자들과의 관계를 유지하고 확장하며, 저작물의 인지도와 판매량을 높일 수 있습니다.

전문 웹 사이트와 소셜 미디어 채널을 통해 구축한 강력한 온라인 입지는 저자의 출판 성공에 큰 도움이 될 것입니다. 이는 저자가 출판사에 완전히 의존하지 않고 자신의 저작물을 성공적으로 출판하고 홍보하는 수단을 갖춘 것을 의미합니다. 저자는 자신의 저작물을 직접 관리하고 홍보할 수 있으며, 독자들과의 관계를 직접 유지하면서 출판업계에서 더 큰 자유와 독립성을 누립니다. 또한, 온라인 입지를 통해 전 세계적으로 독자들에게 접근할 수 있으므로, 저자의 저작물은 지리적 제한 없이 더 많은 독자에게 알려집니다.

이러한 이유로, 저자들은 전문 웹 사이트와 소셜 미디어 채널을 적극적으로 활용하여 온라인 입지를 구축해야 합니다. 이를 통해 저자는 자신의 저작물을 보다 성공적으로 출판하고 홍보할 수 있으며, 출판업계에서 독립성과 성공을 이룰 수 있습니다.

책 홍보와 스토리텔링

책은 인류의 지식과 상상력을 전달하고 공유하는 가장 강력한 도구 중 하나입니다. 그리고 이러한 가치를 보다 효과적으로 전달하기 위해 책 홍보와 스토리텔링은 빠질 수 없는 요소입니다. 전문가인 스토리텔러가 말하는 스토리텔링이라기보다는, 책과 관련된 이야기를 만들어, 그 이야기로 책을 홍보하는 정도로 이해하면 좋겠습니다.

책 홍보는 저자와 독자 사이의 다리 역할을 하며, 책을 대중에게 알리고 그 가치와 매력을 소개하는 중요한 수단입니다. 그러나 오늘날 책 시장은 심하게 경쟁적이며 다양한 매체와 콘텐츠가 동시에 존재하기 때문에, 책 홍보는 점점 더 창의적이고 혁신적인 방법이 필요합니다. 이를 위해 스토리텔링은 매우 유용한 전략입니다.

스토리텔링은 사람들에게 감정적인 호소력을 전달하는 효과적인 방법의 하나입니다. 책 홍보에서 스토리텔링은 독자의 호기심을 자극하고, 그들에게 이야기의 세계로 초대하는 역할을 합니다. 간결하고 독창적인 이야기를 통해, 책은 단순히 존재하는 콘텐츠가 아니라 독자의 마음과 상상력을 사로잡습니다.

예를 들어, 책의 주요 캐릭터들의 이야기를 삽화나 영상으로 보여주는 것은 독자들이 책의 세계에 더욱 몰입하게 합니다. 또한, 저자와 독자 간의 상호작용을 촉진하기 위해, 저자의 창작 과정이나 배경 이야기를 공유하는 것도 좋은 전략입니다. 이러한 스토리텔링은 독자들에게 책을 더욱 매력적으로 보이게 하며, 구매 동기를 자극합니다.

책 홍보와 스토리텔링은 온라인 플랫폼과의 결합을 통해 더욱 강력한 효과를 얻습니다. 소셜 미디어와 블로그, 팟캐스트 등을 활용하여 저자와 독자 사이의 연결을 강화하고, 책의 이야기를 널리 퍼뜨립니다. 독자들과의 대화를 통해 피드백을 받고 저자의 새로운 저작물에 대한 기대감을 조성하는 것도 중요합니다.

책 홍보와 스토리텔링은 저자와 독자 간의 유대감을 형성하고 독자들을 동료와 같이 느끼게 하는 효과도 있습니다. 스토리텔링을 통해 저자는 자신의 창작 과정이나 저작물에 대한 열정과 이야기를 공유함으로써 독자들과 직접적인 관계를 형성합니다. 이는 독자들이 책을 단순히 구매하는 소비자가 아니라 저자와 함께하는 창작 과정의 일부가 되는 것을 의미합니다.

책 홍보와 스토리텔링은 독자들에게 책의 가치를 더욱 명확하게 전달합니다. 저자가 책의 주제, 메시지, 가치를 스토리텔링을 통해 이해하기 쉽게 전달하면, 독자들은 책이 그들에게 어떤 의미를 지녔는지를 보다 명확하게 이해할 수 있습니다. 이는 독자들이 책을 선택하는 데 도움을 주고, 책을 통해 얻을 수 있는 깊은 인사이트와 경험에 대한 욕구를 자극합니다.

스토리텔링은 독자들과의 감정적인 연결을 형성하는 데도 큰 역할을 합니다. 독자들은 캐릭터의 감정과 고난, 성공과 실패에 공감하고, 그들의 여정과 성장을 함께 체험하고자 합니다. 스토리텔링은 이러한 감정적인 공감을 유발하며, 독자들이 책에 더욱 몰입하며 강한 연결을 형성하게 됩니다. 이는 책 홍보를 통해 독자들의 호기심을 끌어내고, 독자들을 사로잡는 효과를 가져옵니다.

 스토리텔링은 책을 홍보하는 데 있어서 타겟 독자층을 정확하게 파악하고, 그들에게 적합한 이야기를 전달하는 데 도움을 줍니다. 각각의 독자층은 서로 다른 관심사와 가치관을 두고 있기에, 이를 고려하여 스토리텔링 전략을 세우는 게 중요합니다. 독자들이 자신을 이야기의 주인공으로 느끼며, 그들이 공감하고 관심을 가질 수 있는 이야기를 들려줌으로써 책의 매력을 극대화합니다.

 따라서, 책 홍보와 스토리텔링은 책의 가치와 매력을 강조하고 독자와의 연결을 형성하는 데 있어서 필수적인 요소입니다. 스토리텔링을 통해 책의 이야기를 더욱 생생하게 전달하고, 독자의 호기심을 자극하는 것은 책 시장에서 성공적인 홍보 전략을 수립하는 데 큰 도움이 됩니다. 따라서, 저자와 출판사는 창의적이고 혁신적인 방법으로 책을 홍보하고 스토리텔링을 통해 독자들과의 관계를 돈독히 해야 합니다.

수필집 [도토리의 꿈] 스토리텔링 예시

도토리의 꿈

어두운 황무지가 무너져 내리는 중, 지쳐 있는 작은 도토리 한 알은 사방에서 목소리를 듣고 있었다. 도토리는 자신의 작은 심장이 뛰는 소리를 더욱 세게 느꼈다. 어떤 소리였을까? 그것은 형형색색의 목소리들이 혼합된 메아리였다. 그리고 도토리는 그 소리 속에서 자신의 꿈이 퍼져나가는 것을 느꼈다.

도토리는 이 작고도 빛나는 꿈을 살려내기 위해 힘들게 자라났다. 햇살이 강렬하게 내리쬐는 날에는 매일같이 천천히 뿌리를 깊이 박고 더 나은 땅으로 옮겼다. 가뭄이 몰아치는 날에는 하늘에서 떨어지는 하나의 물방울마저도 아껴 쓰기 위해 수분을 유지했다. 도토리는 언제나 지름을 넓히는 데 집중했고, 깨지기 쉬운 껍질 속에서도 견고한 존재감을 유지했다.

하지만 황무지는 그 꿈을 살려낼 기회를 주지 않았다. 유리멘탈한 폭풍우가 몰아치면서 도토리의 노력을 부서뜨렸다. 뿌리는 갈라졌고, 가지는 찢어져 쓰러졌다. 도토리는 처절한 상처를 입었지만, 매번 일어서서 다시 일어나기를 결심했다. 도토리는 황무지에 굴복하지 않고 자신의 꿈을 이루기 위해 투쟁했다.

그리고 어느 날, 도토리는 놀라운 일을 경험했다. 자신의 꿈이 썩지 않고 하나의 작은 싹으로 눈 뜨는 것을 보았다. 작고도 약한 것처럼 보이지만, 그 싹은 희망을 안고 자라나고 있었다. 도토리는 자신의 싹을 보며 말했다.

"황무지는 도토리 한 알의 꿈을 짓밟지 못한다."

도토리의 꿈은 새로운 삶의 시작이었다. 작은 싹은 점점 더 커지며, 주변의 모든 것을 아름답게 만들 것이다. 도토리는 자신의 희망을 뿌리치지 않고, 어둠과 괴로움을 극복했다. 그리고 도토리의 꿈은 황무지를 무대로 화려하게 펼쳐질 것이다.

우리는 때로 황무지와 같은 어려움과 절망의 상황에서 자라나야 한다. 우리의 꿈이 아무리 작아 보여도 그 꿈을 지키기 위해 투쟁하고, 어떤 상황에서도 흔들리지 말아야 한다. 당장 실패나 역경에 짓밟혀도 꿈의 작은 싹은 언제나 우리를 다시 일어서게 할 것이다.

따라서 우리는 도토리의 꿈을 잊지 말아야 한다. 꿈을 위해 끊임없이 투쟁하고 성장할 수 있다는 것을 기억해야 한다. 황무지는 우리를 쓰러뜨리기 위해 안간힘을 쓰겠지만, 우리는 꿈의 작은 싹을 키우며 황무지를 극복할 수 있다는 것을 잊지 말아야 한다. 황무지는 결코 우리의 꿈을 짓밟지 못한다.

연상기법 활용하기

우리는 많은 독자가 책을 구매하고 읽기를 원합니다. 하지만 현대 사회에서는 다양한 매체와 정보의 과부하로 인해, 독자들의 관심을 끌고 책을 홍보하는 게 쉽지 않은 일입니다. 따라서 우리는 창의적인 방법을 동원하여 독자들에게 책을 전달해야 합니다.

그중 하나는 연상기법을 활용하는 것입니다. 연상기법은 우리 뇌가 정보를 기억하고 처리하는 방식에 기초한 기법으로, 이미지나 감각적인 경험을 통해 정보를 더욱 생생하고 기억에 남도록 하는 방법입니다. 이 기법을 책 홍보에 적용한다면 독자들이 책의 내용을 더욱 확실히 이해하고, 흥미를 갖게 될 것입니다.

우리는 독자들의 감각을 자극하는 이미지를 사용할 수 있습니다. 책의 주요 테마나 중요한 장면을 시각적으로 표현한 이미지를 제작하여 SNS나 웹사이트에 게시할 수 있습니다. 예를 들어, 책이 고요하고 아름다운 숲을 배경으로 하고 있다면, 그림 또는 사진을 통해 독자들이 그 숲을 직접 경험하는 듯한 느낌을 받도록 할 수 있습니다. 이러한 이미지는 독자들의 상상력을 자극하고, 책에 대한 호기심을 돋게 할 것입니다.

우리는 독자들이 책과 관련된 감각적인 경험을 하는 이벤트를 개최할 수 있습니다. 책의 내용과 연관된 향수, 음식, 음악, 그림 등을 활용하여 독자들에게 현장에서 그 책의 세계를 체험할 기회를 줍니다. 예를 들어, 소설의 주인공이 좋아하는 디저트를 판매하는 팝업 스토어를 개최하거나, 책에 나오는 풍경을 그린 저작물을 전시하는 행사를 기획할 수 있습니다. 이러한 이벤트는 독자들에게 책의 세계로 더욱 깊게 몰입할 수 있으며, 독자들의 호기심과 관심을 유발할 것입니다.

우리는 독자들의 감정에 직접 작용하는 메시지를 전달합니다. 책의 내용에서 느껴지는 감정이나 감정적인 요소를 강조하여 책의 장르나 주제와 관련된 감정을 독자들에게 전달합니다. 이를 통해 독자들은 책을 읽는 것만으로도 특별한 감정을 느낄 수 있다는 인상을 받을 것입니다. 예를 들어, 로

맨스 소설을 홍보할 때 '진한 사랑의 감동을 한다.'라는 구절을 사용하거나, 스릴러 소설을 홍보할 때 '손에 땀을 쥐게 하는 긴장감을 경험하다.'라는 메시지를 전달할 수 있습니다. 이러한 메시지는 독자들의 감정과 호기심을 자극하여 책을 구매하고 읽기를 원하는 욕구를 더욱 증폭시킬 것입니다.

또한, 연상기법을 활용하여 독자들의 기억에 오래 남을 수 있는 캠페인을 구상할 수도 있습니다. 예를 들어, 책을 홍보하는 동안 독자들에게 책과 관련된 퀴즈나 퍼즐을 제공할 수 있습니다. 이 퀴즈나 퍼즐은 책의 내용과 관련된 힌트를 포함하고, 독자들이 책을 읽거나 책을 구매하여 참여할 수 있는 내용으로 구성됩니다. 이렇게 함으로써 독자들은 책을 읽거나 캠페인에 참여함으로써 자신의 기억과 논리적 사고를 활용하게 됩니다. 이러한 상호작용은 독자들에게 긍정적인 경험을 제공하고, 책과의 연결고리를 강화하여 책을 홍보하고자 하는 목표를 달성하는 데 도움이 될 것입니다.

연상기법을 사용하여 책을 홍보하는 동영상 콘텐츠를 제작하는 것도 효과적일 수 있습니다. 독자들은 시각적인 영상으로 책의 세계를 직접 경험할 수 있으며, 음악이나 효과음을 활용하여 감정적인 연결을 형성합니다. 이러한 동영상은 소셜미디어 플랫폼이나 유튜브와 같은 온라인 채널을 통해 홍보될 수 있으며, 공유되고 전염이 될 가능성이 큽니다. 독자들은 이러한 동영상을 통해 책의 매력을 직접 체험하고, 이를 통해 책을 구매하거나 읽기를 원하는 욕구를 자연스럽게 불러일으킵니다.

다음은 책을 홍보하는데 연상기법을 활용하는 방법입니다. 이 가운데 자신이 할 수 있는 방법을 찾아 도전해보면 좋을 것입니다.

책의 주요 키워드나 주제를 다루는 블로그나 웹사이트에 게스트 포스트를 작성하여 홍보하기
책의 주요 키워드나 문구를 강조한 상품 라인을 출시하여 홍보하기
책의 주요 키워드를 활용한 해시태그 캠페인을 통해 소셜 미디어에서 홍보하기
비슷한 주제를 가진 유명한 책과 연결시켜 홍보하기
책의 내용을 앞서가는 고전 저작물과 비교하여 홍보하기
대중적인 인물이나 이벤트와 책을 연관시켜 홍보하기
책에 등장하는 인물들을 현실 세계의 인물과 연관시켜 홍보하기
책의 주요 장면을 현실에서 재현한 사진이나 비디오를 제작하여 홍보하기
흥미로운 사실이나 이야기를 책과 연결시켜 홍보하기

책의 장면을 생생하게 묘사하여 독자들의 상상력을 자극하기

책 일부를 웹툰 형식으로 제시하여 독자들의 흥미를 유발하기
책의 내용을 간단한 비유나 애니메이션 등으로 시각화하여 홍보하기
책의 내용을 관련 이미지나 일러스트로 시각화하여 홍보하기
책의 주요 테마를 시각적으로 나타낸 인포그래픽을 제작하여 홍보하기
책의 주요 키워드나 핵심 아이디어를 시각적으로 강조한 포스터를 홍보에 활용하기
책의 특정 장면을 그림이나 일러스트로 표현하여 독자들의 시각적인 호기심을 자극하기
책에서 다루는 주제에 대한 깊이 있는 인터뷰를 진행하여 홍보하기
책의 저자와의 인터뷰를 통해 책에 대한 배경 이야기나 제작 과정을 전달하기
책의 내용과 연관된 뉴스나 이슈와 연결하여 홍보하기
책의 특정 장면을 블로그나 기사로 작성하여 홍보하기

주요 캐릭터의 대화를 인용하여 책의 매력을 전달하기
책의 주요 캐릭터들을 소개하고, 그들의 성격이나 매력을 강조하여 홍보하기
책의 주요 캐릭터들을 소셜 미디어 플랫폼에서 가상 캐릭터로 만들어 홍보하기
책의 내용을 캐릭터들의 SNS 계정이나 블로그 형식으로 구현하여

홍보하기

책의 주요 장면이나 저자 인물을 캐릭터 스티커나 피규어로 제작하여 팬들에게 나누어주고 홍보하기

책의 주요 캐릭터들을 현실 세계에서 만나는 상상력을 자극하는 이미지를 제작하여 홍보하기

책의 내용을 현실과 대조시켜 독자들에게 긍정적인 메시지 전달하기

특정 분야의 전문가가 해당 책을 추천하는 내용을 홍보하기

책의 내용을 실생활에 적용하는 방법을 제시하여 독자들의 관심을 유발하기

책 일부를 공개하거나 미리 보기를 통해 독자들의 호기심을 자극하기

책에서 다루는 주제와 관련된 퀴즈나 퍼즐 등을 제공하여 독자들의 참여를 유도하기

책을 읽은 독자의 리뷰를 활용하여 홍보하기

책의 일부 장면을 드라마틱하게 연출한 동영상을 제작하여 홍보하기

책의 내용을 관련 동영상이나 오디오로 제작하여 홍보하기

책의 내용을 쉽고 재미있게 해설한 동영상 시리즈를 제작하여 홍보하기

책 일부를 인용하여 감동적인 짧은 영상을 제작하여 홍보하기

책의 내용을 간단하고 명료한 문장으로 요약하여 홍보하기

책의 특징이나 장점을 강조하는 명언이나 짧은 문구를 제시하여 홍보하기

책에서 다루는 주제와 관련된 명언이나 인용구를 소개하여 독자들

의 호기심을 자극하기

책의 특정 장면이나 명대사를 인용하여 사회적 이슈와 연결하여 홍보하기

독자들이 직접 책의 내용에 관련된 이야기나 경험을 공유하도록 유도하기

책의 내용을 토대로 한 콘테스트나 이벤트를 개최하여 독자들의 참여를 유도하기

책 일부를 음악이나 노래로 표현하여 독자들의 감정을 자극하기

책의 특정 장면이나 대사를 인용하여 독자들의 호기심을 자극하기

책의 내용을 적용한 실험이나 경험담을 공유하여 독자들의 관심을 유발하기

책을 읽은 독자에게 인센티브나 혜택을 부여하여 홍보와 함께 독자의 참여를 유도하기

책의 내용을 바탕으로 한 인터랙티브 웹페이지나 애플리케이션을 제작하여 홍보하기

책의 주요 주제를 다룬 논문이나 연구 결과를 홍보하여 학술적인 신뢰성을 전달하기

책을 읽은 독자 이야기를 토대로 한 사회적인 캠페인을 진행하여 홍보하기

책의 내용을 바탕으로 한 패션 아이템이나 상품을 제작하여 홍보하기

책의 내용을 기반으로 한 도전 과제나 퀘스트를 제시하여 독자들의 참여를 유도하기

책의 내용을 소재로 한 단편소설이나 스토리를 작성하여 홍보하기

책의 주요 장면이나 인물들을 3D 모델링이나 애니메이션으로 구현하여 홍보하기

책의 내용을 다른 장르로 재해석한 저작물이나 리메이크를 제작하여 홍보하기

책의 내용을 바탕으로 한 웹퀴즈나 트리비아 이벤트를 개최하여 독자들의 참여를 유도하기

책의 내용과 관련된 명소나 여행지를 소개하여 독자들의 관심을 유발하기

책의 내용을 기반으로 한 챌린지나 해시태그 이벤트를 개최하여 소셜 미디어에서 홍보하기

책의 내용을 기반으로 한 지역 사회와의 협업 프로젝트를 진행하여 홍보하기

책의 주요 장면이나 인물들을 모티브로 한 아트워크를 제작하여 홍보하기

책의 주요 장면을 담은 예술적인 사진 시리즈를 제작하여 인터넷에서 홍보하기

강력한 저자 프로필 및 책 설명

자비출판은 책을 출판하고 성공적으로 판매하기 위해 많은 도전을 겪어야 하는 과정입니다. 특히, 저자는 자신의 책을 강력하게 홍보하고 고유한 판매 포인트를 강조해야 합니다. 이를 위해서는 저자의 강력한 약력과 책 설명이 필요합니다.

저자의 프로필은 독자에게 자신의 책을 맨 먼저 어필하는 요소입니다. 독자들은 책을 선택할 때 저자의 배경과 경험에 큰 관심을 가지며, 이는 저자의 프로필을 통해 파악할 수 있습니다. 따라서, 저자는 자신의 프로필을 효과적으로 활용하여 독자들에게 자신의 책을 어필해야 합니다.

저자의 프로필은 저자의 전문성과 신뢰성을 강조하는 역할을 합니다. 독자들은 저자가 해당 주제나 장르에 대해 충분한 지식과 경험이 있는지를 확인하고자 합니다. 예를 들어, 만약 책이 의료분야에 관련되어 있다면, 저자는 의학 교육 배경이나 의료 연구 경력 등을 강조하여 자신의 전문성을 입증할 수 있어야 합니다. 이는 독자들에게 저자의 책이 신뢰할 만하고 가치 있는 정보를 제공하는 것임을 보여줍니다.

저자의 프로필은 독자와의 관계 형성을 위한 중요한 도구입니다. 독자들은 저자를 신뢰하고 그들과 공감하는 사람으로 여기고자 합니다. 따라서, 저자는 자신의 개인적인 이야기나 경험을 어떻게 책과 연결시킬 수 있는지를 고민해야 합니다. 독자들은 저자의 이야기를 통해 저자를 더욱 친근하게 느낄 수 있으며, 이는 독자들과의 감정적인 연결을 형성하는 데 도움이 됩니다.

저자는 자신의 프로필을 통해 책의 핵심 아이디어와 가치를 강조할 수 있습니다. 예를 들어, 저자가 어떤 독특한 시각이나 철학을 가지고 책에 접근한다면, 이를 프로필에 명시하여 독자들에게 더욱 흥미로운 내용임을 보여줍니다. 또한, 책에서 다루는 주제에 대한 저자의 열정과 동기를 나타내는 것도 좋은 전략입니다. 이러한 요소들은 독자들에게 저자의 책이 특별하고 가치 있는 것임을 알리는 데 도움이 됩니다.

저자 약력에는 독자와의 관계 형성을 위한 인간적인 요소도 포함되어야 합니다. 독자들은 저자를 신뢰하고 그들과 공감하는 사람으로 여기고자 합니다. 따라서, 저자는 자신의 개인적인 이야기나 경험을 어떻게 책과 연결시킬 수 있는지 생각해보아야 합니다. 이러한 접근은 독자와의 감정적인 연결을 형성하고 독자들에게 더욱 가까워지는 데 도움이 됩니다.

저자 약력 외에도, 책 설명은 독자들을 끌어들이고 흥미를 유발하는 데 중요한 역할을 합니다. 책 설명은 책의 핵심 아이디어와 이야기를 간결하게 전달해야 합니다. 독자들은 이 설명을 통해 책이 그들의 관심사와 어떻게 연관되는지, 그들에게 어떤 가치를 부여하는지를 파악하고자 합니다. 따라서, 저자는 책 설명을 작성할 때 독자들의 입장에서 생각하고, 명확하고 매력적인 문구를 사용하여 독자의 호기심을 자극해야 합니다. 또한, 강력한 시작과 마지막으로, 독자의 관심을 끌어들이고 남길 수 있도록 노력해야 합니다.

저자는 저자 약력과 책 설명을 작성할 때 독자들을 위해 가치 있는 내용을 제시해야 합니다. 독자들은 책을 구매하고 읽기 위해 자신들의 시간과 돈을 투자하는 것입니다. 따라서, 저자는 독자들이 책을 통해 어떤 이점을 얻을 수 있는지를 명확히 전달해야 합니다. 이는 독자들에게 어떤 문제를 해결하거나 새로운 아이디어와 통찰력을 제공함으로써 이루어집니다.

자비출판에서 성공을 위해 추가로 고려해야 할 사항들이 있습니다. 첫째로, 독자들의 Bedrock Needs(기본적인 욕구)를 파악하고 이를 책 설명에 반영해야 합니다. 독자들은 정보, 엔터테인먼트, 교육, 자기계발 등의 기본적인 욕구가 있습니다. 따라서, 책 설명에서 이러한 욕구를 충족시킬 수 있는 내용이 제시되어야 합니다. 독자들이 책을 통해 어떤 지식을 얻거나, 새로운 아이디어를 탐구하거나, 자기개발을 이룰 수 있는지를 강조해야 합니다.

둘째로, 독자들의 관심사와 니즈(Needs)에 부합하는 내용을 제시해야 합니다. 독자들은 자신들의 관심사와 문제에 대한 해결책을 찾고자 합니다. 따라서, 책 설명은 독자들이 가장 관심 있는 주제와 관련된 내용을 강조해야 합니다. 또한, 독자들이 직면한 문제를 해결할 방법이나 실용적인 조언을 제시해주기를 바라고 있습니다. 이는 독자들이 책을 구매하고 읽기를 원하는 동기를 부여하는 데 도움이 됩니다.

셋째로, 독자들과의 상호작용을 촉진해야 합니다. 독자들은 자신들의 의견을 표현하고 저자와의 소통을 원합니다. 따라서, 책 설명에서 독자들이 참여하게 하여 추가 자료를 제공하는 것이 좋습니다. 예를 들어, 소셜미디어 플랫폼에서 독자들과의 상호작용을 유도하거나, 웹사이트나 블로그를 통해 추가 정보나 리소스를 제공하는 것입니다. 이러한 상호작용은 독자들과의 관계를 강화하고 출판된 책에 관심과 참여를 높입니다.

독자들에게 충분한 가치를 부여하는 책 설명을 작성해야 합니다. 독자들은 책을 구매하는 것에 대한 가치를 느끼고자 합니다. 따라서, 책 설명에서 독자들이 얻을 수 있는 혜택이나 특별한 제안을 명시해야 합니다. 할인 혜택, 추가 자료 제공, 한정판, 서명, 복사 등의 요소를 포함하여 독자들에게 독점적인 가치를 안기는 것이 좋습니다. 이는 독자들의 구매 의사를 독려하고 책을 홍보하는 데 도움이 됩니다.

온라인 광고 및 프로모션 활동

저자로서 책을 출판하는 것은 많은 도전과 노력이 필요합니다. 책을 출판한 후에도 성공적으로 책을 홍보하고 판매량을 늘리기 위해서는 온라인 광고 및 프로모션 활동을 효과적으로 수행해야 합니다.

온라인 광고 및 프로모션 활동에는 몇 가지 중요한 요소를 고려해야 합니다. 첫째, 목표 설정이 매우 중요합니다. 출판된 책을 홍보하고자 하는 목적에 맞게 명확한 목표를 세우고 그에 따른 광고 전략을 구상해야 합니다. 목표를 설정하면서 타겟 독자층을 정확히 파악하고 그들의 관심사와 요구에 부응하는 콘텐츠를 제시하는 것이 필요합니다.

둘째, 콘텐츠의 질과 다양성이 매우 중요합니다. 광고와 프로모션 콘텐츠는 독자들의 주목을 끌고 인상을 남겨야 합니다. 흥미로운 비주얼, 강렬한 메시지, 독창적인 아이디어 등을 활용하여 독자들의 호기심을 자극하고 이들을 책으로 유인하는 것도 중요합니다. 또한, 다양한 형식의 콘텐츠를 활용하여 독자들의 다양한 취향과 선호도에 맞게 접근하는 것이 좋습니다. 텍스트뿐만 아니라 이미지, 동영상, 오디오 등 다양한 형식의 콘텐츠를 제시하여 더욱 효과적인 홍보를 이룰 수 있습니다.

셋째, 소셜미디어의 활용은 필수적입니다. 소셜미디어 플랫폼은 대규모 사용자들에게 직접적으로 메시지를 전달하는 강력한 도구입니다. 이를 효과적으로 활용하기 위해 저자는 자신의 독자들과 소통하고 관계를 형성하는 데 주력해야 합니다. 독자들과의 상호작용을 통해 피드백을 받고 책의 관심을 유지할 수 있으며, 이를 통해 독자들에게 추가적인 가치를 부여합니다. 또한, 소셜미디어에서 트렌드를 파악하고 적극적으로 참여하는 것도 중요합니다. 트렌드에 맞는 콘텐츠를 생산하고 공유함으로써 독자들의 관심을 끌어들입니다.

마지막으로, 광고와 프로모션 활동의 성과를 측정하고 분석하는 것이 필요합니다. 온라인 광고 플랫폼들은 광고 성과를 분석하고 측정하는 다양한 도구들을 제공합니다. 광고의 클릭 수, 전환율, 독자들의 반응 등을 분석하여 어떤 광고 전략이 가장 효과적인지 파악하고 개선점을 찾을 수 있습니다. 이를 통해 예산을 효율적으로 관리하고 광고 전략을 지속으로 최적화할 수 있습니다.

그럼 온라인 광고에는 어떤 것이 있을까요.

페이스북 광고는 현재 가장 인기 있는 광고 플랫폼 중 하나입니다. 페이스북은 많은 사용자가 활발하게 이용하는 플랫폼으로, 특정 타겟 그룹을 정확하게 설정하여 광고를 전달합니다. 페이스북은 광고 성과를 측정하고 분석하는 다양한 도구를 제공하여 광고 캠페인의 효율성을 높입니다. 게다가, 페이스북은 사용자들이 소셜미디어를 통해 콘텐츠를 공유하는 경향이 있기에, 책의 홍보가 더욱 효과적으로 이루어집니다.

포털 사이트 키워드 광고는 인터넷 사용자들이 주로 검색하는 키워드와 관련된 광고를 제공합니다. 예를 들어, 책의 제목이나 주제와 관련된 키워드를 설정하여 광고를 게재할 수 있습니다. 이 방법은 사용자들이 책을 찾고 있는 상태에서 적극적으로 광고를 전달하는 장점이 있습니다. 또한, 포털 사이트의 검색 엔진 최적화(SEO)를 통해 책의 가시성을 높이는 것도 중요한 전략입니다. 책의 내용과 관련된 키워드를 잘 활용하여 사이트의 노출성을 향상시키고 검색 결과에서 상위에 노출되도록 관리해야 합니다.

유튜브 광고는 영상 콘텐츠를 활용하여 책을 홍보하는 효과적인 방법입니다. 유튜브는 많은 사람이 시청하는 동영상 플랫폼으로, 책의 주제와 관련된 영상 콘텐츠를 제작하여 광고를 게재할 수 있습니다. 또한, 유튜버들과의 협업을 통해 책 리뷰나 추천 영상을 만들어 홍보의 효과를 높일 수도 있습니다. 유튜브는 사용자들이 콘텐츠에 더욱 몰입하기에, 책의 가치와 매력을 효과적으로 전달하는 플랫폼입니다.

트위터 광고는 짧고 간결한 메시지를 활용하여 책을 홍보하는 데에 적합한 플랫폼입니다. 트위터는 실시간으로 소식을 전달하고 의견을 공유하는 플랫폼으로, 많은 사람이 활발하게 활용하고 있습니다. 트위터 광고를 통해 책의 간단한 소개나 특별한 이벤트에 대한 정보를 전달합니다. 또한, 저자 자신이 트위터를 통해 독자들과 소통하고 관계를 형성하는 것도 중요한 전략입니다. 독자들과의 상호작용을 통해 책의 호감을 돈독히 유지합니다.

구글 AdWords 광고는 구글 검색 결과 페이지에 광고를 게재하여 사용자들의 검색 키워드와 관련된 광고를 보여줍니다. 사용자들이 특정 키워드로 검색할 때, 관련된 책을 홍보하는 광고가 상단에 표시됩니다. 이는 검색 엔진 최적화(SEO)와 함께 활용될 수 있어 책의 가시성을 높일 수 있는 효과적인 방법입니다.

인스타그램 광고는 소셜미디어 플랫폼 중에서 시각적인 콘텐츠를 중심으로 한 광고 활동에 적합합니다. 인스타그램은 사진 및 동영상을 통해 책을 시각적으로 홍보하고 독자들의 관심을 끌 수 있는 플랫폼입니다. 또한, 인스타그램의 타겟 광고 기능을 활용하여 특정 사용자 그룹에게 광고를 전달할 수 있습니다.

이 외에도 네이버 카페 광고, 블로그 광고, 이메일 마케팅 등 다양한 온라인 광고 형태가 있습니다. 저자는 타겟 독자층과 책의 특성을 고려하여 적합한 온라인 광고 플랫폼을 선택하고, 다양한 온라인 광고 형태를 조합하여 효과적인 홍보 전략을 수립할 수 있습니다.

이러한 온라인 광고 및 프로모션 활동을 적절히 조합하고 전략적으로 활용한다면, 저자는 출판 후에도 책의 가시성을 높이고 많은 독자에게 도달할 수 있습니다. 그러나 광고만으로 충분하지 않습니다. 책의 내용과 품질이 독자들에게 만족을 주어야만 장기적인 성공을 끌어냅니다. 따라서 광고와 함께 출판된 책에 대한 충분한 관심과 투자를 지속해서 기울여야 합니다.

마지막으로, 책 출판은 독특하고 개인적인 경험입니다. 저자들은 자신만의 방법과 전략을 통해 성공을 이룰 수 있습니다. 따라서, 온라인 광고 및 프로모션 활동을 수행할 때에도 저자 자신의 스타일과 목표에 맞게 조절하고 실험하는 것이 중요합니다. 이러한 노력과 탐구를 통해 자비출판은 성공할 수 있을 것입니다.

황무지에다 매일 도토리를 심다

똑같은 내용일지라도 우리는 매일 인터넷에 백 개 넘은 홍보용 포스팅을 합니다. 9개의 트위터와 페이스북, 네이버 블로그 2개와 다음 카페 기타 SNS를 통해 올리는 것입니다. 트위터에서 시간마다 자동으로 올라가는 홍보 글 이외도, 어떤 날 밤을 지새우며 올리는 동영상이며 홍보 이미지며 홍보 글입니다. 하지만 수만 명이 이를 본다고 하여도 홍보 효과가 두드러지게 나타나는 것은 아닙니다. 어느 연휴 때 인터넷 앞에서 사흘 밤낮을 책 홍보에 매달린 적도 있지만, 판매량은 지극히 미미하였습니다. 그럴 때마다 허탈하기 이를 데 없어 맥이 빠지기도 합니다.

무엇을 검색하다가 이 만화(애니메이션) 영상을 보게 되었는지 기억은 잘 안 납니다. 우연히 유튜브에서 홀리듯 이 영상을 감상한 후 나는 그저 '도토리를 심는 사람' 정도로 기억을 하였다가, 홍보 글 올리는 데 회의가 들던 어느 날 문득, 다시 이 영상을 떠올리게 되었습니다. 광활한 사이버 세상에다 매일 올리고 있었던 홍보성 글이, 마치 황폐한 땅에서 도토리를 심은 심정과 같았기 때문입니다. 영상을 가까스로 다시 찾아보니 이 원작은 프랑스 사람들에게 존경을 받는 장지오노 저자의 '나무를 심는 사람'이었습니다. 그리고 다시 한 번 찬찬하게 감상을 하였습니다.

장 지오노의 [나무를 심는 사람]에서 '나'는 여행자들에게 잘 알려지지 않은 알프스 산악지대로 긴 도보 여행을 떠납니다. 이곳은 프로방스로 뻗어 내린 오랜 산간지대로 해발 1,300M가 넘는 불모지였습니다. 사흘을 걸은 후, 이루 말할 수 없이 삭막한 황무지에 도착하여 버려진 폐허 마을 근처에 텐트를 치고 물을 찾았으나 망가진 말벌 둥지를 연상케 하는 폐가만 전부일 뿐 우물은 없었습니다. 바람도 배고픈 짐승들처럼 세차게 몰아쳐, 다시 다섯 시간을 걸었으나 어디나 가물어 물은 발견할 수 없었습니다. 그러다 아직 노인이라 할 수 없는 양치기 '부피에'를 만나게 됩니다. 30여 마리쯤 양을 치던 그는 '나'에게 물을 마시게 하고 하룻밤을 묵게 해주었습니다. 혼자 사는 사람이 대부분 그렇듯이 양치기도 말이 없었습니다. 하지만 차림새와 용모가 단정하였으며 집 안 구석구석은 잘 정리되어 있었고, 그가 사는 집은 돌로 지은 단단한 집이었습니다.

 이 지역의 마을들은 서로 멀리 떨어져 있었습니다. '나'는 그 마을들을 잘 알았습니다. 숯을 생계로 살아가는 마을 사람들은 살림이 어려웠습니다. 여름과 겨울의 혹독한 날씨도 견뎌내기 힘들었습니다. 고립된 채 살아가는 이들은 탈출구가 없었습니다. 곤경을 벗어나려는 욕망만 극에 달았을 뿐 사람들은 지쳐갔으며 여자들은 불평이 쌓여갔습니다. 또한, 숯을 파는 데 경쟁을 일삼았습니다. 거기다 혹독한 바람이 신경을 곤두서게 하여 시비가 끊이지 않았으며 자살이 성행하였습니다. 이들 광기는 살인으로 끝나는 때가 잦았습니다. 마을 사람들이 이처럼 삭막하고 포악해진 까닭은, 숲을 잃어버렸기 때문이라고 양치기는 생각하는 거 같았습니다.

 양치기는 '나'에게 스프로 저녁을 내접하였습니다. 저녁이 끝나자 양치기는 도토리 자루를 가져와 도토리를 쏟아놓고 고르기 시작하였습니다. 도토리를 자세히 들여다보며 좋은 것만 꼼꼼하게 가려냈습니다. 또 이 가운데 100개를 골랐습니다.

 다음 날 아침 양치기는 들판으로 나가기 전 지난밤 고른 도토리를 물에 담가 두었습니다. '나'는 산책하는 척하며 양 떼를 몰고 가는 양치기를 조금 떨어져 따라갔습니다. 양치기 부피에는 쇠막대를 짚고 걸었습니다. 골짜기로 양 떼를 몰아 개에게 맡긴 후 양치기는 다시 언덕 위로 높이 올라갔습니다. 거기서 그는 쇠막대를 박아 구멍을 뚫어 도토리를 넣고 흙을 덮었습니다. 그곳은 양치기의 땅이 아니었지만 백 개의 도토리를 정성껏 심었습니다. 그는 그 황무지에다 3년 동안 10만 개의 도토리를 심었습니다. 그 가운데 2만 그루가 나온다면 다시 절반은 죽을 것으로 예상해도 1만 그루의 참나무가 자랄 것을 그는 예상하였습니다. 나무 심기를 계속하면 30년 후에는 이곳에 수만 그루 나무가 자랄 테니 1만 그루의 참나무는 바다의 물 한 방울 같을 것이라 그는 말합니다.

양치기와 헤어진 '나'는 1차 대전 기간 중 5년 동안 군 복무를 하였습니다. 제대하자 맑은 공기가 마시고 싶은 욕망이 생겨 양치기가 있는 불모지를 다시 찾아갔습니다. 죽었을 거로 생각한 양치기는 벌을 치며 살아가고 있었습니다. 양들이 어린나무를 위협해서 양 대신 벌을 치게 된 것입니다. 전쟁으로 온통 세상이 불안해도 양치기는 흔들림 없이 나무 심기를 계속하였습니다. 참나무들은 '나'보다 더 큰 키로 자라 숲을 이루고 있었습니다. 놀라운 광경에 '나'는 넋을 잃었습니다. 숲은 11km나 되었으며 숲의 폭은 3km가 되었습니다. 너

도밤나무, 자작나무, 참나무 등이 세 구역으로 나뉘어 울창하게 자랐고 개울에는 물이 넘쳐흘렀다. 숲에서 모든 삶이 되살아나 자연은 놀랍게 회복되었습니다. 이 영혼의 작업을 해온 양치기의 꿈이 실현된 것입니다. 하지만 양치기의 꿈과 노력을 모르던 세상 사람들은 이를 자연의 자연스러운 변화로 받아들였습니다.

나무를 심는 동안 양치기는 수많은 시련을 겪으며 역경을 이겨냈다. 절망과 싸워야 했으며 어떤 경우에도 낙담하거나 주저하지 않았습니다. 어느 해에는 1만 그루의 나무를 심었는데 한 그루도 남지 않고 모두 죽어버렸고, 그 절망을 이기고 겨우 살려낸 어린나무들을 양들이 뜯어먹어 치웠습니다. 철저한 고독 속에서 일한 양치기는 얼마나 처절하게 고독하였던지 노인이 되었을 때 밀조차 잃어버렸습니다.

인터넷에 매일 실시간 올라오는 수백만 건의 포스팅(posting) 사이에서 내가 올린 홍보 글은 금세 흔적도 없이 묻혀버립니다. 비록 내가 하는 포스팅의 존재감을 찾을 수 없을지라도, 사이버 세상 어딘가 하나의 씨앗으로 남아 있게 된다면 훗날 여기저기 떡잎이 돋아나고 언젠가는 숲이 되어주지 않을까. 이 영화를 통해 생각하였습니다. 그래서 지금 당장 아무런 효과가 없더라도 포기하지 않고 매일 홍보 포스팅을 이어가겠다는 마음을 다잡았습니다.

이 저작물은 아무리 절망적인 환경일지라도 희망을 심으며 살아가면 끝내 어떤 결과를 이루는지 보여줍니다. 또한 자연(숲)이 사라지면 인간의 삶이 어떻게 피폐 되는지, 인간의 삶에서 자연(정서)의 풍요로움이 얼마나 아름답고 위대한 것인지도 보여주고 있습니다. 자연과 고립된 삶은 정서를 삭막하게 하여 사람들이 포악해지고, 결국 파멸로 치닫게 됩니다.

우리나라는 OECD 국가 중 독서율이 꼴찌다. 책과 멀어져 살아가는 우리는 그만큼 삭막해져 있다는 뜻이기도 하다. 우리 마음의 숲은 점차 황폐해져, 나무도 없고, 물도 없고, 새도 없는 정서가 되어 간다. 예전에는 상상조차 못 한 끔찍스러운 범죄들이 요즘 우리 사회에서 자주 일어나는 일도 이와 무관하지 않아 보인다. 정서 결핍은 인류 같은 근본을 무너뜨립니다.

다만 나는 이 저작물에서 도토리를 심는 상황이 어느 것보다 크게 다가와 힘을 얻었습니다.

'지금 우리가 올리는 홍보들이 흔적도 없이 묻혀버리겠지만 언젠가 분명히 숲을 이루게 해줄 것입니다.'

숲은 하루아침에 이루어지지 않습니다.

나비효과(Butterfly Effect)

나비효과(Butterfly Effect)라는 게 있습니다. 나비의 가만가만 한 날갯짓 같은 힘이 시간이 지날수록 증폭되어 폭풍우라는 엄청난 결과를 유발시키는 현상을 말합니다. 말하자면, 오늘 북경에서 살랑거리는 나비의 날갯짓이 시간이 지나면 뉴욕을 강타하는 허리케인을 몰고 온다는 것입니다.

나비효과는 미국 기상학자인 에드워드 로렌츠가 명명하였습니다. 로렌츠가 1979년 미국의 한 발표장에서 '브라질에 있는 나비의 날갯짓이 미국 텍사스주에 발생한 토네이도의 원인이 될 수 있을까?'라는 제목의 논문을 발표하면서 '나비효과'란 말이 일반인에게 널리 알려지게 되었습니다. 로렌츠는 카오스 이론을 정립한 학자로서, 카오스를 연구하는 과정에서 나비효과를 발견하게 되었습니다.

카오스(chaos)는 혼돈 또는 혼란을 의미하는데 불규칙의 미학이라고나 할까요. 만일 24시간 똑같은 기온의 똑같은 날씨가 매일 이어진다면 사람들은 미쳐버릴 것입니다. 아니 지구 자체가 파멸할지 모릅니다. 따라서 세상의 그런 불규칙 가운데 희망과 꿈과 도전이 존재합니다. 마찬가지로 만일 나비가 가만히 앉아 있기만 하다면 뉴욕에서 허리케인이 일어나는 일은 없을 것입니다.

날씨는 아무리 시간이 지나도 반복되는 일 없이 불규칙하게 변화합니다. 날씨가 늘 변화하기 때문에 1주일 뒤 날씨를 정확히 예측할 수 없습니다. 사람 마음도 날씨처럼 시시로 변하는 터라, 책의 운명도 예측할 수 없으니 미리 예단하여 포기해서는 안 된다는 게 나의 홍보 철학입니다. 나는 이 나비의 효과에서 '끊임없는 움직임'과, '미약한 힘'을 책 홍보 정신으로 생각합니다. 책 홍보에는 끈기와 지구력이 필요하다. 판매 수익을 저자에게 돌린다 해도 지금까지 몇몇 저자를 제외하고는 홍보하는 데 특별한 끈기와 지구력을 보여주는 저자는 드물었습니다. 이 상황에서 오히려 출판사가 애달아야 하는 편입니다. 비록 작은 출판사의 미약한 힘이지만 홍보를 위해 끊임없이 움직일 때 나비의 효과를 꿈꾸어 볼 수 있습니다.

홍보 앞에서 독자들이 북한산 인수봉 같은 모습을 보인다 해도 인간은 불규칙한 존재이므로 어느 순간 마음이 바뀔 수 있습니다. 몇 년 전에 출간되어 이미 판매 움직임이 없는 책도 나는 봇트윗의 자동 기능이나 수십 권의 책을 보여주게 되는 동영상 등을 통해, 기절한 책을 인공호흡을 시키듯이 끈히 홍보를 합니다. 오래된 책을 신간처럼 광범위하게 하지는 못해도 이 '나비의 꿈'을 버리지 못하는 것입니다. 각각의 책을 별도로 드러나게 하는 일 외에도 우리 책이 전부 소개된 홈페이지 해당 게시판 주소를 트위터나 블로그 등에 링크함으로써 드러내기 유인을 합니다.

지금은 인터넷 시대입니다. 접근하는 데 아무런 제약이 없는 인터넷은 우리처럼 중소형 출판사에는 그야말로 평등한 곳입니다. 더구나 인터넷에는 불특정 다수의 수백만 네티즌이 상주하다시피 합니다. 앞으로 나아가기조차 힘든 명동2가 골목보다, 매장을 가득 메운 대형서점 매장보다 훨씬 더 많은 사람을 우리는 마음만 먹으면 자유롭게 접할 수가 있습니다.

대형 출판사들은 광고를 제공하니 주요 일간지나 방송 그리고 담당 기자들과 교류와 친분이 돈독해서 쉽게 책을 홍보하지만, 자본력이 부족한 출판사들은 그런 매체를 활용하기가 어려운 현실입니다. 하지만 인터넷 세상에서는 저자들이나 출판사들이 아무런 제약 없이 책 홍보가 가능합니다.

'도토리의 꿈'이나 '나비의 꿈'을 가질 수 있는 것도 우리가 마음껏 이용 가능한 인터넷이 있기 때문입니다. 따라서 지금은 홍보할 곳이 넘치는 세상입니다.

현대 사회에서 나비효과는 여러 분야에서 회자됩니다.

형편이 몹시 어려운 사람을 도와주었는데, 도움을 받은 그가 훗날 다시 어려운 누군가를 도와주고, 그 도움을 받은 사람이 또 누군가를 도와주며 그 사랑을 이어갈 때 역시 나비효과는 일어날 수 있습니다.

어떤 책이 출간된 이후 상당한 시간이 흘렀더라도, 누군가 우연히 그 책을 읽고 감동하여 다른 이에게 한번 읽어 보라며 권하고, 또 그 사람이 다른 이에게 권하여 조금씩, 조금씩 퍼져나갈 때 이 '나비효과'를 기대하지 말라는 법은 없다. 그래서 끊임없이 날갯짓하는 것입니다.

휴일에도 저 혼자 홍보하는 봇트윗

나는 9개의 트위터를 운영합니다. 매일 이른 아침 정상 업무 전 이 트위터를 관리하며, 주말에도 예외가 없습니다. 예전에는 트위터에 올릴 수 있는 글자 수 140자였으나 지금은 조금 늘었습니다. 유튜브나 네이버 포스트 등 인터넷 주소를 글에다 링크할 때는 그만큼 줄어듭니다. 해드림출판사 트위터처럼 유료로 사용하면 수필 한 편 분량도 올릴 수 있습니다.

페이스북이나 트위터를 관리하면서 매번 느낀 것은 나만의 독특한 상품이 없다는 것입니다. 불특정 다수를 끌어당길 수 있는 상품이 있어야 파워 페이스북이든 파워 트위터든 파워 블로그던 될 텐데, 죽자사자하는 짓이라곤 책 광고뿐이니 당연한 일이기도 합니다. 다만, 그 소통의 상품 개발이 절실하기도 하고, 이 문제는 어떻게 하면 우리 책을 많은 이에게 홍보할 것인가와 맞물려 있습니다. 그 기저에는 나의 절박한

생존이 달려 있기도 합니다. 아쉽게도 나에게는 집중력과 물고 늘어지는 집착력이 부족하다 보니 원하는 성과를 얻는 데 애를 먹습니다.

우리 같은 소형 출판사들에 SNS는 큰 힘입니다. 오프라인의 광고 매개체를 가질 능력이 안 되다 보니 하루에도 인터넷에 매달리는 시간이 상당합니다. 또한, 도서 시장 환경이 그리 애쓰게 하는 것입니다. 예전 같으면 가까운 동네 서점에 가서 책을 사지만, 지금은 동네 서점 대부분이 사라지고 대형서점 중심으로 운영되는 데다가, 인터넷 서점이 활성화되다 보니, 우리 같은 경우 매장 판매량보다 인터넷 서점 판매량이 훨씬 웃도는 실정입니다. 아마 다른 곳도 마찬가지일 것입니다.

지금이야 궁금하면 무슨 책이든 인터넷으로 정보를 검색하고 거기다 마음만 먹으면 전철을 타고 가다가도 스마트폰으로 필요한 책을 주문하는 세상입니다. 그런데 저자들 가운데는 아직 이런 상황 파악이 안 되어 여전히 오프라인 서점에 책이 수북이 쌓여 있어야 하는 것으로 압니다. 사실 서점이라는 공간에 신간 서적을 가져다 놓는 것도 서점 입장에서는 비용을 발생키는 일입니다. 서점 임대료, 관리비, 인건비 등 상당한 비용이 들어가는 터라 서점은 신간이 나올 때 극히 적은 수량만 의무적으로 입고토록 합니다.

　서점도 영리를 목적으로 하는 회사다 보니, 잘 팔리는 책을 우선하여 잘 보이는 곳에 쌓아놓는 것입니다. 광고 목적이 아닌 바에야, 일정 기간 꾸준히 서점 매대(평대)에 올라 있는 것은 그만큼 판매량이 많다는 뜻입니다. 그러니 서점 매대(평대)에 올리려면 우선 인터넷을 통해서 부지런히 홍보하고 알려서 판매량을 늘려야 합니다. 여기에 도전하는 스릴이 있고, 행복한 꿈이 있고 거기서 얻는 에너지가 있습니다. 저자도 출판사도 부지런히 노력해야 할 일입니다. 아무리 좋은 내용의 책이라도 독자에게 알리려는 노력 없이는 원하는 결과를 쟁취할 수 없습니다. 이미 대중성을 얻고 있다면 문제는 다르겠지만 말입니다.

　페이스북을 처음 시작할 때 '페친'이라는 개념 없이 인적 확보에만 마음이 앞섰습니다. 그러다 보니 페친은 4천여 명 되는 거 같은데, 실제 그림자라도 비치는 경우는 200여 명도 채 안 되는 것 같습니다. 한 번 정리해야지 하면서도 엉뚱한 페친을 정리하게 될까 봐 그대로 두고 있습니다. 언젠가 실제로 정리를 좀 하다가 교류 중인 페친을 정리하는 바람에 민망한 상황이 되기도 하였습니다. '좋아요'나 댓글이 전혀 없어도 상대방의 포스팅만 볼 수 있으면 페북 활동하는 내 목적은 충분히 달성되는 것인데 그조차 안 되는 경우가 태반이라 정리가 필요하긴 합니다. 또 겉으로는 친구 관계로 되어 있지만 내가 책 홍보성 글만 올리다 보니 짜증이 난 상대방 쪽에서 친구 관계를 끊어 둔 경우가 허다할 것입니다.

책을 홍보하는 데는 역시 트위터입니다. 홍보 차원에서만 생각한다면 페이스북의 친구 개념은 사실 불편한 존재입니다. 내 입장에서는 상대방과의 친밀도가 전혀 없어야, 부담 없이 같은 내용의 글이라도 반복해서 올릴 텐데 아는 처지라면 괜히 눈치 보게 되고 '좋아요' 부담을 주게 되는 것입니다.

트위터에는 워낙 많은 사람이 활동하다 보니 포스트를 올려도 상대방 홈에서 내 포스트가 머물러 있는 시간이 상대적으로 짧아 거부감이 덜하고 나는 나대로 부담이 덜합니다. 같은 내용을 꾸준히 반복해서 올리더라도 상호 간 친밀도가 없으니 짜증 낼 일도 드물 것입니다.

부지런히 팔로우를 늘려 트위터 9개 모두 꿈의 10만대가 되기를 바라지만, 하루에도 수백 팔로우가 생길만한 상품이 생긴다면 모를까 앞으로 팔로우를 늘리는 데 또 얼마나 많은 시간이 필요할까 싶습니다. 겨우 1천 명 늘리는 데도 한참 걸리니 말입니다.

SNS는 우리에게 새로운 꿈이요, 힘입니다. 트위터에서 책이나 출판을 홍보하는데 아주 매력적인 기능이 있는데, 바로 그것이 봇트윗(botwt.kr) 예약입니다. 트위터에 올릴 수 있는 글자 수 범위 내의 홍보 글을 작성하여 입력해두면 정해진 시간마다 자동으로 올라갑니다. 이 홍보 글은 600개까지 저장 가능하며, 트위터 내용이 포털에서도 노출이 됩니다. 신간이 나올 때마다 나는 트위터 홍보 글을 만들어 봇트윗에다 입력하여 둡니다. 봇트윗(botwt.kr)은 자신이 정한 시간 때마다 올라가는 것이므로, 평일은 물론, 내가 잠잘 때나 쉬는 휴일에도 봇트윗은 저 혼자 시시각각 규칙적으로 홍보를 해주니 얼마나 매력적인가요.

일반적으로 트위터 봇의 예약 기능을 사용하려면 다음과 같은 단계를 거칩니다:

해당 서비스에 가입하고 계정을 등록합니다.
봇트윗 웹 사이트에 로그인합니다.
예약하려는 트윗의 내용과 예약 시간을 지정합니다.
설정한 시간에 봇트윗 서비스가 사용자 계정에 접근하여 트윗을 자동으로 게시합니다.

해드림출판사 홍보실

출판사를 운영하는 내게 가장 절박한 것이 책 홍보입니다.
아무리 좋은 책이라도 독자에게 제대로 알리지 못하면 금세 묻히고 마는 세상입니다. 책이 잘 팔려 그만큼 수익이 생기면 대부분 저자에게 돌아가는 자비출판이지만, 일단 잘 팔리는 책이 나와야 출판사 또한 성장할 수 있습니다.

지하도 가게이든, 전철역이든, 도로가든, 심지어 우리 건물 1층 사무실도 내게는 늘 부러움의 대상입니다. 이런 책이 있다고 마음껏 알리고 싶은 간절함 때문입니다. 하지만 사람들이 자주 왕래하는 곳이라면 임대료가 비쌀 뿐만 아니라 책 홍보실로 사용하면 모를까, 출판사 사무실로는 여건이 안 맞는 경우가 대부분입니다.

어느 날이었습니다.
신도림 도림교를 지나 사무실로 오던 중, 자그마한 가게의

닫힌 셔터에는 전화번호를 적은 '임대'라는 쪽지가 붙어 있었습니다. 그즈음 여분의 책을 보관할 작은 창고가 필요해 우리 사무실 빌딩의 빈 공간 하나를 5월말 경 계약하기로 해 두었습니다. 하지만 임대 쪽지를 발견한 후 내 마음은 요동치기 시작하였습니다. 창고가 사무실이 입주한 빌딩 내 있으면 여러 가지로 편리하기야 이를 데 없습니다. 그런데 아무리 깨끗하고 편리하더라도 창고는 창고일 뿐, 창조적 공간으로 활용할 여지는 없을 것입니다. 대신 횡단보도 앞 그 가게는 공간이 협소하고 허름할지라도, 일부 창고로 쓰면서 예쁘게 꾸며 무언가 새로운 것을 시도해볼 창조적 공간으로도 활용할 수 있지 싶었습니다.

무엇보다 문래동 센터플러스 빌딩에 깊이 갇혀 있는 해드림출판사를 밖으로 드러낸다는 의미가 크게 다가왔습니다. 그간 인터넷으로야 사방팔방, 산전수전 공중전을 다 치러봤으나 오프라인으로는 빌딩 안에 묻혀 있었던 것입니다. 물론 그 가게를 쓴다면 책 홍보가 최우선 목적이었습니다. 쉬 결정을 내리지 못한 채 며칠을 고민하면서도 혹여 횡단보도 바로 앞 가게를 다른 이가 먼저 계약하면 어쩌나 마음이 조마조마하였습니다. 그 가게를 우리가 차지한다면, 성에는 안 차더라도 10여 년 동안 바라고 바라던 숙원 하나가 풀리는 셈이었습니다.

임대인에게 전화를 걸어 미리 임차 조건 등을 물어봤음은 물론입니다.

결국, 건물 밖의 공간을 선택하는 것으로 마음을 굳혔습니다. 바로 임대인을 찾아가 임차를 하겠다고 하였습니다. 이름 하여 '해드림출판사 도서 홍보실'.

그간 나름대로 열심히 꾸민 그곳에서는, LED 전광판과 제법 널따란 유리창을 통한 책 진열, 별도의 신간 코너, 각종 홍보 배너, 길가다 잠시 훑어볼 수 있도록 진열한 책 등 우리 책을 다양하게 펼쳐 보이는 중입니다. 그토록 오랫동안 소망하던 홍보 장소 하나를 갖게 된 셈입니다.

인터넷 기타 SNS를 활용한 책 홍보야 해볼 만큼 해보았습니다. 나름대로 다양한 홍보 노하우도 축적하였지만 또 인터넷 공간은 그 나름대로 한계가 있었습니다. 인터넷이면 무엇이든 다 된다는 생각을 조금 바꾸게 된 것입니다.

주변이 다소 허름해 보이는 해드림출판사 홍보실, 하지만 이래뵈도 홍보실 앞은 8차선 도로가 있고, 버스정류장 및 널따란 횡단보도가 있습니다. 물론 평일에는 사람들 왕래가 꽤

되는 편입니다. 신도림역과는 40여 미터 떨어져 있습니다. 도림교를 지나면 바로 오른편 빨간집을 만날 수 있습니다. 해드림출판사 도서 홍보실이라는 문구를 붙여놔도 그곳이 해드림출판사인 줄 아는 사람도 더러 있습니다.

홍보실이 서향이다 보니 오후가 되면 햇살이 바로 꽂혔습니다. 강한 햇살은 책 표지나 홍보 포스터 색상을 흡혈귀 피 빨아먹듯 빨아 먹어 금세 창백해졌습니다. 진즉 차광막을 설치하려고 하였지만 비용이 부담스러워 2년을 망설이다 큰맘 먹고 설치를 하였습니다. 차광막을 전체 펼치면 약 2미터 가량입니다. 땡볕이 내리쬐는 날은 다 펴놓을 생각입니다. 막상 설치를 하고 보니 홍보실을 한층 폼나게 하여 자꾸 쳐다보게 됩니다. 비나 눈이 오거나 태양이 뜨거운 날은 지나가는 사람들이 차광막 아래서 비나 햇볕을 피할 수 있을 것입니다. 바람이 강한 날은 관리를 잘해야 합니다.

누군가 한 사람 상주를 하면 좋겠지만, 책을 직접 판매하지 않은 곳에다 인건비를 지불할 수 없는 노릇입니다. 다만 작은 공간일지언정 문래동 사람들이나 기타 책을 좋아하는 사람들과 커뮤니티가 이루어지면 싶은데 뾰족한 수가 안 떠오릅니다. 부지런히 머리를 굴려보는 중입니다.

홍보실을 다시 단장하면서 오른 쪽에는 전신 거울을 설치하였습니다. 거울만 보지 말고 책 홍보 포스터도 봤으면 싶습니다. 책 홍보 포스터를 저렴하게 만들 수 있는 방법도 알아냈습니다. 전에는 베너를 설치하였는데 자꾸 파손되고 통행인에게 거치적거린다 싶었습니다.

횡단보도 건너편에서는 사람들이 신호등을 기다리는 동안 LED 홍보 전광판을 볼 수 있습니다. 바로 옆이 버스정류장이라 버스가 정차해 있는 동안에도 승객은 전광판을 볼 수 있습니다. 하지만 스마트폰만 열심히 들여다 보는 사람들이 더 많을 것입니다. 그럼에도 이 전광판에는 해드림출판사에서 출간한 책 소개 문구가 24시간 흐릅니다. 1년 365일 내내 흐르는 것입니다.

우리나라 사람들이 워낙 책을 안 읽으니 책 홍보실로 사용하기에는 경제적으로 아까운 장소이기도 합니다. 하지만 홍보실을 별도로 갖춘 출판사라는 자부심은 있습니다. 파주 출판단지의 대형 출판사들은 출판단지 내 자신의 홍보관이 있긴 하지만, 서울 시내에다 별도로 도서 홍보실을 둔 출판사는 대한민국에서 해드림출판사가 유일할 것입니다. 때로는 이 홍보실 전면을 가릴만큼 책 홍보 대형 플래카드를 걸기도

하고, 국경일에는 대형 태극기를 걸기도 합니다.

  책 홍보는 이처럼 출판사 뿐만 아니라 저자에게도 절실한 문제입니다. 설혹 결과가 미미할지라도, 저자들 역시 오프라인 홍보에도 신경을 써야 합니다. 다만 지나친 비용을 들여가며 홍보할 이유는 없습니다.

4부

출판사 대표를 알면 내 책이 보인다

온라인 플랫폼 시대의 작은 출판사의 잠재력

개인의 소셜 미디어와 온라인 커뮤니티, 그리고 온라인 플랫폼의 활성화는 출판업계에 혁명적인 변화를 가져왔습니다. 예전에는 대형 출판사만이 출판된 책을 대중에게 홍보하고 주목받을 힘을 가지고 있었지만, 이제는 작은 출판사도 마찬가지의 홍보 능력을 지니게 되었습니다. 이러한 변화는 출판의 경쟁력을 증가시키고, 다양한 저자들에게 기회를 제공하며, 독자들에게는 다양하고 풍부한 독서 경험을 제공하고 있습니다.

소셜 미디어와 온라인 커뮤니티는 현대 사회에서 가장 강력한 힘 중 하나로 자리 잡았습니다. 인터넷과 스마트폰의 보급으로 사람들은 언제 어디서나 소통하고 정보를 공유할 수 있게 되었습니다. 이로 인해 개인들은 자신의 의견과 관심사를 쉽게 표현하고 다른 사람들과 이야기를 나눌 수 있게 되었습니다. 이런 개인의 힘을 출판업계에 접목한 것이 소셜 미디어를 통한 책 홍보입니다.

작은 출판사들은 이제 소셜 미디어를 활용하여 책을 홍보하고 독자들과 직접 소통합니다. 트위터, 페이스북, 인스타그램, 유튜브 등의 플랫폼을 통해 저자들은 자신의 책을 소개하고 새로운 콘텐츠를 공유합니다. 독자들은 이를 통해 저자의 생각과 창작 과정에 대한 통찰력을 얻으며, 저자와 직접 소통하고 의견을 나눌 수 있습니다. 이러한 상호작용은 저자와 독자 간의 관계를 더욱 강화시키고, 작은 출판사의 책들이 대중들에게 더 가깝고 친숙한 존재로 다가갈 수 있게 합니다.

또한, 온라인 커뮤니티와 플랫폼은 독자들에게 다양한 선택의 폭을 제공합니다. 대형 출판사가 주로 대중적인 저삭물에 초점을 맞추고, 작은 출판사들은 다양한 장르와 주제를 다루는 저작물들을 출판합니다. 이는 독자들이 자신의 관심사에 맞는 독서 경험을 찾을 수 있도록 돕습니다. 또한, 소셜 미디어를 통해 작은 출판사들이 독자들과 상호작용하고 피드백을 받을 수 있기에, 독자들의 요구와 취향을 더 잘 파악할 수 있고, 이를 바탕으로 출판 계획을 조정하거나 새로운 저자들에게 기회를 주는 등의 유연한 조치를 할 수 있습니다.

그러나 이러한 변화는 동시에 도전과 과제를 가져왔습니다. 소셜 미디어는 정보의 과잉으로 인해 독자들의 관심을 끌기 어렵게 만들었습니다. 대중들은 수많은 콘텐츠 속에서 자신에게 맞는 것을 찾아야 하기에, 작은 출판사들은 독자들의 시선을 끌기 위해 창의적이고 효과적인 전략을 필요로 합니다. 또한, 소셜 미디어의 특성상 빠르게 변화하고 발전하기 때문에 작은 출판사들은 새로운 도구와 기술을 습득하고 활용하는 능력을 갖추어야 합니다.

따라서, 개인의 소셜 미디어와 온라인 커뮤니티, 그리고 온라인 플랫폼의 활성화로 인해 작은 출판사의 책 홍보 능력은 대형 출판사와 거의 비슷해졌습니다. 이러한 환경은 출판업계에 혁신을 가져오고 다양성과 창의성을 증진시킵니다. 작은 출판사들은 소셜 미디어를 통해 자신의 책을 홍보하고 독자들과 소통하며, 독자들은 다양한 저작물들과 저자들과 연결되는 경험을 할 수 있습니다. 이러한 변화는 출판의 장래를 밝게 하고, 작은 출판사의 역할을 더욱 중요하게 만듭니다.

그뿐만 아니라 온라인 플랫폼의 등장은 작은 출판사들에 출판 과정에서의 비용과 제약을 줄여주는 이점을 안깁니다.

전통적인 출판 과정은 책을 출판하기 위해 긴 시간과 비용이 소요되는 경우가 많았습니다. 하지만 온라인 플랫폼은 전자 출판과 자체 인쇄를 통해 출판 과정을 단순화하고 경제적으로 만들어줍니다. 작은 출판사들은 인터넷을 통해 전자책을 출판하거나 작은 부수를 인쇄하여 주문 제작하는 방식으로 비용을 절감할 수 있습니다.

또한, 온라인 플랫폼은 글로벌 시장에 더욱 쉽게 접근하는 창구 기능을 합니다. 전자책과 온라인 서점을 통해 작은 출판사들은 지리적 제약 없이 전 세계 독자들에게 책을 제공합니다. 이는 작은 출판사들에 국제적인 시장 확장과 독자층 다변화의 기회를 줍니다. 또한, 다양한 언어로 번역된 책들이 온라인 플랫폼에서 쉽게 구매되고 소개되는 결과로, 글로벌 독자들은 다양한 문화적 배경과 관점을 가진 저작물들을 즐길 수 있습니다.

그러나 이러한 혜택과 함께 작은 출판사들은 새로운 도전에 직면하고 있습니다. 온라인 플랫폼에서 경쟁이 치열하므로 작은 출판사들은 책을 효과적으로 마케팅하고 발견되기 위해 노력해야 합니다. 책 홍보를 위한 디지털 마케팅 전략과 컨텐츠 제작에 대한 이해와 능력이 필수적입니다. 또한,

소셜 미디어의 빠른 변화에 발맞추기 위해 지속적인 학습과 적응이 필요합니다.

　최근에는 소셜 미디어 플랫폼에서 출판사와 저자를 위한 전용 기능과 도구들이 개발되고 있습니다. 이러한 도구들은 작은 출판사들에 타겟팅된 광고 캠페인, 독자 분석 및 마케팅 자동화, 소셜 미디어 관리 등을 지원하여 효율적인 홍보와 판매를 돕고 있습니다. 작은 출판사들은 이러한 기능들을 적극적으로 활용하여 독자들과의 상호작용을 촉진하고 책의 가치를 알리는데 활용할 수 있습니다.

　소셜 미디어와 온라인 플랫폼의 활성화는 작은 출판사들에게 막대한 잠재력을 부여하고 있습니다. 그들은 대형 출판사와 마찬가지로 독자들과 연결되고, 창의적이고 독특한 저작물들을 세상에 선보일 기회를 갖게 되었습니다. 이러한 변화는 작은 출판사들이 출판업계에서 독자들에게 독창적이고 다양한 경험을 제공하며, 출판의 미래를 형성하는데 기여할 것입니다.

발견의 기쁨 작은 출판사

작은 출판사. 그 이름만 들어도 작고 조용한 공간에서 저작물의 발견과 만남이 펼쳐진다는 생각이 듭니다. 대형 출판사에 비해 크기는 작지만, 그 안에서는 저자들의 마음이 담긴 글귀들이 마주하고 있을 것입니다. 작은 출판사는 다른 출판사와는 다른 매력을 지니고 있습니다. 그 매력은 바로 생경한 저작물을 발견하는 기쁨입니다.

작은 출판사에서는 신인 저자들과 함께하는 시간이 특별합니다. 대형 출판사들은 주로 이미 유명한 저자들의 저작물을 선호하지만, 작은 출판사는 새로운 저자들의 저작물을 주목합니다. 이들은 아직 세상에 알려지지 않은 저자들을 발굴하고, 그들의 저작물을 소중히 다루는 것이 목표입니다. 작은 출판사의 편집자들은 수많은 제출 저작물들을 읽어보며 숨겨진 보석을 찾아내는 데 노력합니다. 그 순간, 저자와 출판사는 서로의 손을 잡고 함께 성장하게 됩니다.

작은 출판사에서 발견되는 저작물들은 독자들에게도 큰 기쁨을 안겨줍니다. 대중적인 인기를 노리는 것보다는 저자의 소중한 이야기를 전달하고자 하는 출판사의 철학은 독자들에게 특별한 경험을 선사합니다. 작은 출판사는 저작물을 출간할 때에도 정성을 기울인다. 편집과 디자인에 신경을 쓰며, 저작물의 본질을 최대한 간직한 채 독자들에게 전달합니다. 이런 작은 출판사의 노력과 열정은 독자들에게 큰 만족감을 주고, 그들의 문화적 풍요를 풍성하게 만든다.

그렇지만 작은 출판사는 대형 출판사들과 비교해야만 하는 현실적인 어려움도 많습니다. 자금과 인력의 한계, 시장 경쟁력 등의 문제들이 작은 출판사를 둘러싸고 있습니다. 그래도 작은 출판사들은 단체로 협력하고 지원하며 서로의 발전을 도모합니다. 작은 출판사의 네트워크는 저자들과 독자들에게 기회와 자극제가 되어줍니다. 작은 출판사의 존재는 문학계에 다양성을 더하며, 저자와 독자 모두에게 새로운 가능성을 제시합니다.

작은 출판사는 참신한 저작물을 발견하는 기쁨을 선사하

는 동시에 문학의 발전에도 기여합니다. 작은 출판사의 노력과 열정은 저자들에게 힘을 실어주고, 새로운 문학의 장을 열어줍니다. 또한 독자들에게는 다양한 저작물들을 경험하는 기회를 줍니다. 작은 출판사는 단지 크기가 작을 뿐이지, 그 안에는 큰 열정과 풍요로운 이야기들이 숨어있습니다. 그것이 작은 출판사의 매력이며, 발견의 기쁨입니다.

작은 출판사는 앞으로도 계속해서 저자들과 독자들에게 참신한 저작물의 기쁨을 선사할 것입니다. 그들은 새로운 이야기를 만들어내고, 저작물의 가치를 새롭게 평가하는 역할을 수행할 것입니다. 작은 출판사는 저자와 독자, 그리고 문학의 숨결을 함께하는 특별한 공간입니다. 이곳에서 계속해서 아름다운 서작물 들이 탄생하고, 사람들의 마음을 움직일 것입니다.

출판사는 작지만, 그 안에는 큰 열정과 가치가 담겨 있습니다. 낯선 저작물 발견의 기쁨은 저자와 독자, 그리고 문학계에 영원히 이어질 것입니다. 작은 출판사의 저작물들은 우리의 삶에 새로운 영감을 주고, 우리의 마음을 풍요롭게 합니다. 그들의 존재는 우리에게 발견의 기쁨을 선사합니다.

출판사 대표를 알면 출판사가 보입니다

 출판사는 책을 풍성한 세상으로 안내하는 문을 열어줍니다. 그 세상은 지식과 상상력이 깃들어 있는 곳으로, 우리에게 무한한 가능성을 제시합니다. 그리고 출판사의 대표는 그 문을 열고 이끌어가는 중요한 인물입니다.

 출판사 대표는 출판계에서 가장 중요한 존재 중 하나로, 새로운 저작물들을 발굴하고 세상에 알리는 역할을 맡습니다. 그들은 문학적인 직감과 상업적인 시각을 함께 가지고 있어야 합니다. 저자들의 잠재력을 파악하고 이를 적합한 형태로 세상에 보여주는 일은 절대 쉽지 않습니다.

 출판사 대표는 출판사를 대표하는 말과 행동으로 자신의 비전과 가치를 전달해야 합니다. 그들은 뛰어난 커뮤니케이션과 협상력을 갖추어 저자와의 관계를 유지하고 발전시켜야 합니다. 또한, 출판계의 변화에 민감하게 대응하고, 독자들의 요구와 선호도를 파악하여 그에 맞는 출판 전략을 수립해야 합니다.

하지만 출판사 대표가 가장 중요한 역할은 저자들과의 협업입니다. 저자는 출판사 대표와의 관계를 통해 자신의 저작물을 세상에 내놓을 수 있습니다. 출판사 대표는 저자의 창작 과정을 이해하고, 그들의 아이디어와 비전을 존중해야 합니다. 저자와 출판사 대표 간의 신뢰와 상호작용은 성공적인 출판을 위해 필수적입니다.

출판사 대표는 또한 독자들과도 밀접한 관계를 맺어야 합니다. 독자들은 출판사를 통해 새로운 지식과 즐거움을 찾아갑니다. 출판사 대표는 독자들의 니즈를 이해하고, 그들에게 맞춤형 콘텐츠를 제공하여 만족을 안겨주어야 합니다. 독자들의 의견과 피드백을 수용하며, 이를 출판사의 발전과 성장에 반영해야 합니다.

출판사 대표를 알면 출판사가 보입니다. 그들은 출판사의 얼굴이자 목소리입니다. 저자와 독자, 출판사와 사회 전반과의 연결고리입니다. 출판계에서 성공적인 출판사를 이끄는 대표들은 문학과 문화 발전에 크게 기여합니다. 그들의 비전과 열정은 우리에게 새로운 지식과 아름다움을 선사하며, 우리의 삶에 풍요와 의미를 더합니다.

 출판사 대표를 통해 출판사가 보입니다. 그들의 노력과 역할은 우리가 향유하는 책과 접하는 경험에 깊은 영향을 끼칩니다. 그들은 책의 세계로의 문을 열어주며, 우리에게 새로운 시각과 영감을 선사합니다. 출판사 대표의 존재는 출판계에 더 많은 새로운 저작물과 아름다운 이야기가 탄생할 수 있도록 지속되어야 합니다.

 출판사 대표는 출판사의 영혼이자 열쇠를 쥐고 있는 주인공입니다. 그들은 출판사의 존재 이유와 목표를 명확하게 인식하고, 이를 실현하기 위해 끊임없이 노력해야 합니다. 출판사 대표의 지혜와 열정은 우리의 문화와 지식의 발전을 위한 기반이 되며, 출판사의 미래를 개척하는 길잡이입니다.

 출판사 대표를 알면 출판사가 보입니다. 그들은 문학의 여정을 이끄는 선장이자 출판계의 대표적인 지도자입니다. 그들은 우리에게 새로운 세계를 여는 열쇠를 제공하고, 우리의 상상력과 지식을 넓혀줍니다. 출판사 대표의 역할과 가치를 올바르게 이해하고 존중한다면, 우리는 더욱 풍요로운 문화 생태계를 만들어갈 수 있을 것입니다.

출판사 대표를 알면 출판사가 보입니다. 그들은 책의 세계를 형성하고 발전시키는 주요한 주인공입니다. 그들의 역할은 저자와 독자, 출판계와 사회 전반과 조화로운 관계를 유지하는 것입니다. 출판사 대표의 지혜와 비전은 우리의 지식과 문화를 풍성하게 만들며, 책을 통해 우리의 삶을 더욱 풍요롭게 합니다.

출판사 대표를 알면 출판사가 보입니다. 그들은 책의 세계를 널리 알려 주는 문지기입니다. 우리에게 새로운 이야기와 아이디어를 제공하며, 지식과 상상력의 파도에 몸을 맡기도록 유도합니다. 출판사 대표의 존재는 출판계의 발전과 진보를 위한 중추적인 역할을 하며, 우리가 만들어가는 이 세계를 더욱 풍요롭게 합니다. 그래서 출판사 대표를 알면 출판사가 보입니다.

출판사 대표를 알면 내 책이 보입니다

출판은 저마다의 큰 꿈과 희망을 안겨주는 분야입니다. 어릴 적부터 글을 쓰는 것을 좋아한 저에게도 출판은 언제나 먼 곳의 꿈으로 그려져 왔습니다. 하지만 꿈이 현실로 이어지기가 쉽지 않습니다. 출판의 세계는 경쟁과 도전의 연속이기 때문입니다.

많은 저자가 자신의 저작물을 출판사에 제출하고, 그들의 저작물이 참신하고 독창적이라고 생각되어도 그 저작물이 출판사 대표의 시선을 사로잡기는 쉽지 않습니다. 출판사는 각종 잠재력이 있는 저작물들 사이에서 최고의 저작물을 선별해야 합니다. 따라서 저작물을 선별하는 결정권을 가진 출판사 대표는 저자에게 있어서 치열한 경쟁의 대상입니다.

출판사 대표의 관심은 자연스럽게 저자들에게서도 얻고자

하는 대상입니다. 저자는 자신의 저작물이 출판사 대표의 눈에 띄어야만 출판의 문을 열어나갈 수 있다고 믿습니다. 그들은 출판사 대표의 심사를 거치고 그 결정을 받는 것이 자신의 저작물에 대한 인정과 평가를 의미한다고 여깁니다. 그래서 저자들은 출판사 대표의 이름과 얼굴을 찾아내기 위해 수많은 노력을 기울입니다.

그러나 출판사 대표를 알아도 자신의 책이 보일까요? 이는 출판사 대표의 취향과 판단력에 달려 있습니다. 저자의 힘든 노력과 열정이 출판사 대표의 눈에 의미 있게 전달될 수 있을지는 출판사 대표의 판단에 달린 것이 현실입니다.

하지만 저자가 출판사 대표를 알게 된다는 것은 가볍게 생각되지 않아야 합니다. 출판사 대표와의 만남은 저자에게 기회를 제공합니다. 그 기회를 통해 저자는 자신의 저작물을 소개하고, 출판사 대표의 관심을 끌 수 있습니다. 그 관심이 저자의 저작물을 출판의 세계로 인도할 수도 있습니다.

물론 출판사 대표를 알게 된다고 해서 자동으로 저자의 저작물이 출판된다는 것은 아닙니다. 그래도 출판사 대표와의 관계는 저자에게 많은 도움을 줍니다. 출판사 대표와의 연결을 통해 저자는 자신의 저작물을 홍보하고, 다른 출판사들에 노출합니다. 또한, 출판사 대표로부터 피드백을 받을 수도 있어 저자의 성장과 발전에 적잖은 도움이 됩니다.

출판사 대표를 알게 된다는 것은 출판의 문을 열 수 있는 한 가지 길일 뿐입니다. 저자는 끊임없이 자신의 저작물을 개선하고, 다양한 출판사들에 제출해야만 합니다. 출판사 대표의 관심을 받을 수 있는 저작물은 저자의 노력과 열정이 담긴 저작물일 것입니다. 따라서 출판사 대표를 알아도 저자는 그들에게 의지하지 않고 자신의 길을 꾸준히 가야 합니다.

출판사 대표를 알면 내 책이 보인다는 말은 과장된 표현일 수 있습니다. 그러나 출판사 대표와의 관계는 저자의 성공에 도움이 됩니다. 출판사 대표를 알게 된다는 것은 저자에게 좋은 기회를 줄 수 있으며, 그들의 지원과 피드백을 받을 수 있는 창구를 열어줄 수 있습니다.

저자는 출판사 대표와의 관계를 소중히 여기고 존중해야 합니다. 그들은 저자의 꿈을 실현하는 가장 큰 힘이 될 수 있습니다. 하지만 그들에게 의존하지 않고 자신의 저작물에 열정을 쏟고, 계속해서 노력해야만 출판사 대표의 관심과 인정을 받을 수 있을 것입니다.

출판사 대표를 알아도 저자의 길은 단순해지지 않습니다. 그러나 출판사 대표와의 만남은 저자에게 무한한 가능성을 열어줄 수 있습니다. 저자는 끊임없이 도전하며, 자신의 저작물을 발전시키는 노력을 멈추지 않아야 합니다. 출판사 대표를 알게 된다는 것은 저자의 꿈에 한 발짝 더 가까워진다는 뜻입니다. 그러니 저자여, 출판사 대표를 찾아가서 자신의 저작물을 자신감 있게 소개하고, 끊임없는 노력과 열정으로 저자의 꿈을 이루어 나가길 바랍니다.

저자의 꿈이 현실로 다가온다

해드림출판사를 떠올리면 저자의 꿈이 현실로 다가옵니다. 그곳은 마치 창문 너머 떠오르는 무지개와도 같았습니다. 저자로서의 꿈을 안고 있는 사람에게는 해드림출판사는 어릴 적부터 그리던 그림책 속 성 꼭대기와 같은 곳입니다. 그 곳에서 나만의 이야기를 전 세계와 나눌 수 있다는 생각만으로도 내 가슴은 두근거렸습니다.

해드림출판사는 저자들에게는 온갖 가능성을 제시합니다. 마치 어릴 적의 비밀 상자처럼 말입니다. 상상력이 자유로운 저자들은 비밀 상자를 열면서 끝도 없이 펼쳐지는 이야기의 세계에 빠져듭니다. 그곳에서는 동화의 주인공이 되어 마법의 숲을 헤매기도 하고, 먼 곳의 행성을 탐험하기도 합니다. 해드림출판사는 저자의 상상력을 극대화하는 그림책의 문을 열어줍니다.

하지만 저자로서의 길은 언제나 험난합니다. 이를테면, 자신의 원고를 맡길 출판사를 찾는 일은 마치 어두운 숲을 헤매는 것과도 같습니다. 하지만 해드림출판사를 떠올리면 저자의 꿈은 현실로 다가옵니다. 그곳은 마치 반짝이는 별빛이 비추는 작은 길잡이처럼 보입니다. 해드림출판사는 저자들에게 신뢰와 지원을 약속합니다. 그곳에는 편집과 마케팅이 합쳐져 저자의 저작물을 가장 아름답게 노출해줍니다.

저자로서 해드림출판사를 떠올릴 때, 나는 마음 한 구석에 작은 불꽃이 타오릅니다. 그 불꽃은 나의 저작물이 어떤 사람의 마음에 희망과 위안을 전할 수 있는 불꽃입니다. 마치 독자들에게 꿈과 희망을 전하는 작은 별빛과도 같습니다. 해드림출판사는 저자의 이야기를 통해 세상을 더 아름답게 만들어가는 동반자가 됩니다.

저자로서의 꿈이 현실로 다가오려면 많은 노력과 시간이 필요합니다. 그러나 해드림출판사를 떠올릴 때, 저자는 자신의 꿈을 이룰 수 있다는 희망을 간직합니다. 저작물이 출판되어 독자들과 만날 때, 저자의 마음은 마치 은하수를 달리는 비행선처럼 가슴 벅차오릅니다. 그리고 저자는 더 큰 꿈을 향해 날개를 펼치고 날아올라갑니다.

해드림출판사를 떠올리면 저자의 꿈이 현실로 다가옵니다. 그곳은 저자들에게 비밀 상자와 같은 행복을 선사합니다. 그곳에서 저자는 자유롭게 상상하고 표현할 수 있습니다. 해드림출판사는 저자의 꿈을 현실로 이끌어주는 작은 동화 속 성입니다. 저자들은 그곳에서 자신만의 이야기를 써내려가며, 독자들에게 희망과 위로를 선사합니다. 해드림출판사는 저자와 독자, 그리고 아름다운 이야기로 이어지는 다리입니다. 그리고 저자들은 그 다리 위에서 자신만의 저작물을 펼칠 수 있습니다. 해드림출판사를 떠올릴 때마다, 저자의 꿈은 더욱 밝고 아름다운 미래로 향해 달려갑니다.

책 출간의 욕구와 출판사의 미친 매력

어느 날, 나는 자신의 이야기를 책 속에 담고 싶은 충동을 느꼈습니다. 길고도 굵은 종이 위에 글자들이 춤추며 새로운 세계를 창조하는 힘에 빠져든 것이었습니다. 내 마음은 글자들의 향연 속에서 무지개를 더듬어 풍요로운 상상력의 공간으로 향했습니다.

그러나 어디로 향할지, 어떤 문을 두드려야 할지 망설였습니다. 책 출간은 마치 재능을 드러내는 무대와도 같았습니다. 마음속의 단어들은 오르골처럼 아름다운 곡조를 연주하며, 독자의 마음을 사로잡는 언어의 마법을 선사할 수 있습니다. 그래서 나는 앞으로의 여정을 위해 신중한 선택이 필요하다는 것을 깨달았습니다.

이제 내 발걸음은 해드림출판사로 향합니다. 이 출판사는 그 매력에 미친 듯이 저자들의 꿈을 끌어내는 곳입니다. 그들은 단지 글자들의 나열이 아닌, 마치 심장을 뛰게 하는 이야기들을 창조합니다. 해드림출판사의 문은 마치 무지개의 끝처럼 내게 다가왔고, 그 너머로는 무궁무진한 세계가 펼쳐져 있었습니다.

그들의 미친 매력은 출판사의 독특한 비전과 전문성에서 비롯됩니다. 이곳에서는 저자들이 자신의 길을 찾을 수 있도록 많은 도움을 주며, 저작물이 완성되는 과정을 함께할 수 있습니다. 해드림출판사는 저자와의 협업을 소중히 여기고, 매 단계에서 훌륭한 편집자, 일련의 리뷰 과정, 아름다운 디자인 등을 통해 저작물을 완성의 끝으로 이끌어줍니다.

나는 그들의 매력에 사로잡혀, 나의 이야기를 출판사와 함께 풀어갈 용기를 얻었습니다. 그리고 어느 순간, 내 글자들은 출판사의 새로운 책 속에 피어났습니다. 그들의 도움으로 나의 이야기는 더욱 풍부하고 완성도 높은 모습으로 탄생할 수 있었습니다.

책 출간의 욕구와 해드림출판사의 미친 매력은 단순한 출판 행위가 아닙니다. 그것은 온전한 예술의 창조이자 독자와 저자의 마음이 서로 교감하는 놀라운 시간입니다. 저자로서 내 안에 품고 있던 욕구가 출판사의 매력으로 더욱 활기차게 솟아오르는 것을 느끼며, 나는 마침내 진정한 저자로 거듭나게 되었습니다.

책 출간의 욕구와 해드림출판사의 미친 매력은 글자들의 향연을 무대 위로 이끌어주는 환상적인 힘이었습니다. 이 둘의 만남은 저자와 독자를 잇는 보이지 않는 실로, 예술과 감동이 교차하는 순간으로 이어지며 새로운 이야기의 씨앗을 심어주는 것이었습니다. 출판사와의 협업은 내 저작물을 더 큰 세상으로 이끌며, 책 한 권이라는 작은 선물로써 다른 이들과 마주할 기회를 줍니다.

책 출간의 욕구와 해드림출판사의 미친 매력은 꿈과 현실을 연결하는 다리가 되어주었습니다. 이제 나는 자신의 이야기를 담은 책을 세상에 선보일 준비가 되었습니다. 해드림출판사와 함께하는 이 여정은 내게 무한한 가능성과 깨달음을 안겨주었으며, 언제나 나에게 출판의 미친 매력을 상기시키는 보물 같은 경험이었습니다.

책 출간의 욕구와 출판사의 마법

한 사람의 마음에 깃든 꿈은 때로는 묵직한 서재의 책들로 표현됩니다. 그 책들은 삶의 다양한 이야기와 지혜를 담고 있으며, 그 속에는 글쓴이의 힘과 열정이 녹아있습니다. 그렇기에 많은 이들은 자신의 이야기를 책으로 출간하는 것을 꿈꾸곤 합니다.

책 출간의 욕구는 마치 작은 불꽃처럼 어느 날 갑자기 불타오를 수도 있습니다. 그 작은 불꽃은 내면의 표현 욕구와 꿈의 미래에 대한 열망이 어우러져 형성됩니다. 어쩌면 그는 여러 해 동안 내면에 존재했지만, 그 순간에야 비로소 그 존재가 인식됩니다. 이 작은 불꽃은 더 커져서 어둠을 밝히는 횃불이 되기도 합니다. 그리고 그 횃불은 수많은 이들에게 영감을 전하고, 새로운 꿈을 심어줍니다.

하지만 책 출간은 결코 쉬운 일이 아닙니다. 꿈의 세계로 향하는 문은 가시 돋친 길로 가득차 있고, 출판계는 무수한 난관과 경쟁자로 가득 차 있습니다. 여기서 해드림출판사가 등장합니다. 이 출판사는 마치 마법사와도 같은 존재입니다. 그들은 글쓴이의 이야기를 마치 특별한 주문을 걸듯이 받아들이고, 그 이야기를 책의 형태로 창조합니다.

해드림출판사는 마법사와 같은 이유로 선택됩니다. 그들은 글쓴이의 마음을 읽어내고, 그들이 원하는 책을 형상화하는 능력을 지니고 있습니다. 그들은 문장들을 조화롭게 엮고, 글의 강렬함과 아름다움을 살려줍니다. 마치 마법의 지팡이를 휘두르듯, 그들은 책을 생명을 가진 존재로 만듭니다.

하지만 마법사도 완벽하지는 않습니다. 저자와 출판사 사이에는 상호 의존성과 역할 분담의 문제가 항상 존재합니다. 저자는 마음의 소유자로서 자신의 이야기를 출간하고 싶어 하지만, 출판사는 독자들의 요구와 시장의 변화를 고려해야 합니다. 그래서 때로는 저자의 의도와 출판사의 편집이 충돌하고 마찰이 발생하기도 합니다.

마치 작은 마법의 연주자들이 서로의 존재를 알아차리지

못하는 것처럼, 저자와 출판사는 서로를 이해하지 못하는 경우가 종종 생깁니다. 그러나 끝없는 협력과 의사소통을 통해 저자와 출판사는 서로를 이해하고 존중하는 관계를 형성할 수 있습니다. 저자는 자신의 이야기를 출판사에 맡기고, 출판사는 저자의 의도를 존중하며 책의 잠재력을 최대한으로 발휘합니다.

책 출간의 욕구와 해드림출판사의 마법은 저자와 출판사의 협력 결과로 이루어집니다. 마치 무지개 같은 색다른 이야기들이 한곳에 어우러지듯, 저자와 출판사의 협업은 새로운 책들을 세상에 선사합니다. 그 책들은 독자들에게는 마법 같은 경험을 선사하며, 저자와 출판사에는 더 큰 성취와 만족감을 안겨줍니다.

그렇기에 저자는 자신의 이야기를 책으로 출간하고자 할 때 해드림출판사의 마법을 빌리는 것도 나쁘지 않습니다. 그들은 저자의 꿈을 현실로 만들기 위한 마법사들이며, 새로운 이야기의 동반자입니다. 저자와 출판사가 협력하여 만들어낸 책은 마치 마법 같은 힘을 지니고 있습니다. 그 힘은 저자와 독자, 그리고 새로운 꿈을 품은 이들에게 영감을 주고 성장의 기회를 줍니다.

책 출간의 욕구와 해드림출판사의 마법은 우리에게 존재하는 소중한 힘입니다. 저자의 이야기와 출판사의 마법이 어우러지는 곳에서는 새로운 세계가 탄생합니다. 그 세계에는 어려움과 도전이 있을지 몰라도, 우리는 꿈을 향해 나아가며 희망을 안고 새로운 페이지를 넘어갈 것입니다. 마침내 그 페이지는 새로운 이야기와 모험으로 가득한, 우리만의 독특한 책으로 뒤덮여질 것입니다.

[스토리텔링]

풀밭 한가운데, 작은 씨앗이 깊이 박혀있었다. 그리고 그 작은 씨앗은 생명의 음성을 속삭였다. '나는 세상에 내 목소리를 들려주고 싶다. 내 안에는 무한한 이야기가 품어져 있다. 그리고 그 이야기들을 펼쳐줄 수 있는 마법이 필요하다.'

작은 씨앗은 햇빛의 온기를 받으며 성장했다. 그리고 하늘에서 새로운 지식의 비를 받았다. 영감의 물방울이 씨앗을 적셔주었다. 뿌리는 깊게, 줄기는 힘차게 자랐다. 그리고 잎이 피었다. 하나, 둘, 셋. 작은 씨앗은 점차 크기를 키워갔다. 그러나 여전히 그 씨앗은 자신의 이야기들을 펼칠 마법을 기다렸다.

그때, 해드림출판사라는 마법사가 나타났다. 그의 손에는 빛나는 문양이 새겨진 마법의 지팡이가 있었다. 해드림출판사는 작은 씨앗을 부드럽게 붙들며 말했다. "아이야, 네 안에 품고 있는 이야기들을 세상에 들려줄 준비가 되었느냐?"

작은 씨앗은 예를 고개로 흔들었다. "네, 마법사님. 그러나 마법이 필요합니다. 마법의 지팡이로 내 이야기들을 펼칠 수 있을까요?"

해드림출판사는 웃으며 말했다. '그렇지, 마법은 바로 책이다. 책은 마법의 문을 열어주는 열쇠이자, 이야기들을 자유롭게 퍼트릴 수 있는 마법의 도구이다. 나는 너의 이야기들을 책의 형태로 펼쳐주는 마법사다. 함께 일하면 너의 목소리는 향기로운 종이 위에 흘러나를 것이다.'

그리고 작은 씨앗과 해드림출판사는 손을 잡았다. 마법의 지팡이를 휘둘러 마법사는 책의 알파벳을 노리쇠로 펴고, 단어들을 마법의 주문으로 엮어갔다. 마침내 마법의 책이 완성되었다. 작은 씨앗의 이야기들은 책의 한 페이지 한 페이지로 펼쳐졌다.

이제 작은 씨앗은 세상과 대화할 수 있었다. 그의 목소리는 많은 이들에게 전해졌고, 그들은 작은 씨앗의 이야기에 감동하고 용기를 얻었다. 책은 마법의 창문이 되어 여러 이들에게 새로운 세계를 여는 열쇠였다.

그리고 작은 씨앗은 해드림출판사에게 고개를 숙이며 말했다. '감사합니다, 마법사님. 여러분의 마법 덕분에 나는 세상을 품은 큰 나무가 되었습니다.'

해드림출판사는 작은 씨앗을 포옹하며 웃었다. '너는 이미 큰 나무가 되었어. 이제 너의 이야기들이 우리의 세계에 뿌리를 내리면서 새로운 이야기들이 피어날 것이다. 마법의 씨앗이여, 계속해서 자라나라.'

작은 씨앗은 마법사의 말에 감동하며 자신의 이야기들을 계속해서 펼쳐나갔다. 그리고 그 이야기들은 마법과 같은 힘을 갖고 독자들에게 전해졌다. 해드림출판사의 마법은 작은 씨앗의 꿈을 현실로 이끌었고, 그들의 만남은 새로운 이야기의 시초가 되었다.

책 출간의 욕구와 해드림출판사의 마법은 마치 신비한 호흡을 나누며 한 몸이 되는 듯하다. 그들은 함께 세상을 더 아름답게 만들고, 이야기를 통해 우리의 마음을 차오르게 한다. 마법은 우리가 살아가는 이 세상에 더 많은 희망과 영감을 불어넣는다. 그리고 이 마법은 영원히 이어지리라.

　작은 씨앗의 이야기는 우리에게 큰 교훈을 선사한다. 우리 모두 안에 품고 있는 작은 씨앗들을 발견하고, 그들이 펼칠 수 있는 이야기들을 세상에 전파하는 마법사가 되어보자. 우리의 이야기가 마법으로 만들어진 책 한 권, 한 장이 될 수 있다면 얼마나 아름다운 세계가 펼쳐질까.

　그래서, 우리는 이제 새로운 씨앗을 뿌리고, 마법사가 되어 새로운 이야기들을 펼쳐나가자. 마법의 책은 우리가 지닌 무한한 가능성을 일깨워주며, 우리의 목소리가 세상을 채울 수 있게 한다. 그리고 그 마법은 우리가 모두 함께 만들어나갈 수 있는 것이다.

　작은 씨앗의 꿈과 해드림출판사의 마법은 우리의 이야기를 새로운 차원으로 이끌어준다. 마법의 힘을 믿고, 우리의 씨앗을 키워나가며, 세상에 희망과 영감을 심어주는 마법사가 되어보자. 그리고 우리의 이야기가 마법처럼 세상을 변화시키는 힘을 가져올 수 있을 것이다.

끝없는 상상력이 펼쳐진다

해드림출판사를 떠올리면 마음속에 끝없는 상상력이 펼쳐집니다. 그곳은 마치 창문을 열어놓고 풍부한 햇살이 내려앉는 따뜻한 방 안 같습니다. 상상의 나래가 어김없이 떠올라, 마음은 자유롭게 날아다니는 듯합니다. 그 출판사는 단지 글자와 종이의 조합이 아니라, 마음과 꿈, 상상의 힘이 고스란히 담겨있는 존재인 것 같습니다.

그 출판사에는 저자들의 이야기들이 쌓여있습니다. 마음속의 풍경을 그린다는 것은 결코 쉬운 일이 아니지만, 그들은 마치 푸른 언덕과 울림 있는 계곡을 오가듯 자유로이 상상력을 누비며 단어를 조화롭게 나열해갑니다. 어쩌면 저자들은 공간과 시간을 초월하여 무한한 세계로 우리를 안내하는 열쇠를 가지고 있을지도 모릅니다.

해드림출판사는 마치 해바라기와 같습니다. 저자들이 빛나는 햇살이 되어 그들을 따라 피어나는 듯합니다. 저작물은 햇빛 아래에서 피어난 꽃들처럼 생생하고 아름답습니다. 그 속에서 우리는 저자의 마음과 경험, 상상력을 느낄 수 있고, 우리 자신을 발견할 수 있습니다.

출판사는 그야말로 문학의 해안가입니다. 저자들은 그곳에서 작은 배를 타고 어지러운 파도를 뚫어나가며, 향기로운 이야기의 세계로 향합니다. 도전과 모험이 가득한 이 작은 배는 독자들을 위해 다양한 여정을 떠납니다. 그 소중한 배를 인도하는 것은 출판사의 편집자들일 것입니다. 그들은 문학의 항해사로서, 저작물의 잠재력을 깨우치고, 독자들에게 소중한 발견을 선사합니다.

한편으로는 출판사는 마음의 고향입니다. 무심결에 손으로 쓴 글자들이 마음속 깊은 곳에 흔적을 남깁니다. 우리는 그 글자들을 통해 저자의 마음을 엿볼 수 있고, 마음을 담아 전하는 저자의 의도를 경험합니다. 그렇게 우리는 출판사의 존재 자체가 마치 우리의 귀띔과 속삭임이 되어주는 것을 느낄 수 있습니다.

해드림출판사를 떠올리면 마음속에 끝없는 상상력이 펼쳐집니다. 그곳은 저자와 독자, 출판인과 편집자가 하나로 어우러져 더 나은 세상을 꿈꾸는 곳입니다. 그리고 그곳에서 우리는 서로를 이해하고 공감하는 인간의 다양성을 만납니다. 그래서 해드림출판사는 우리에게 끝없는 희망과 영감을 선사합니다. 그 안에서 우리는 더 큰 꿈을 꾸며, 현실을 바꿔나가는 힘을 얻습니다.

출간의 욕망,
내 책이 사람들에게 소중한 선물이 되는 순간

어느 날 나는 꿈을 품고 해드림출판사를 향해 발을 디디었습니다. 출판사의 문을 열고 들어섰을 때, 마음은 흥분과 기대로 가득 찼습니다. 내 안에는 출판사와의 만남으로부터 풍부한 성공과 인정을 얻을 수 있는 환상이 샘솟았습니다.

내 꿈이 그렇게 시작되었습니다. 해드림출판사와 함께한 시간은 나에게 많은 것을 가르쳐 주었습니다. 여러 저자들의 책을 편집하고 발간하는 과정을 엿볼 수 있었고, 그중에서도 책 출간의 과정에 대한 꿈과 열망이 점점 커져갔습니다. 나는 그 향기로운 서점의 선반 위에 내 책이 자리잡는 모습을 상상했습니다. 한 손에는 펜을 들고, 다른 손에는 나의 저작물을 꼭 꼭 쥐고 있는 모습이 눈에 선하였습니다.

하지만 현실은 언제나 꿈보다는 비참하고 험난합니다. 해드림출판사에서 책 출간의 문을 여는 것은 생각보다 쉽지 않았습니다. 나의 저작물은 다른 저자들과 경쟁하고, 편집자들의 눈을 사로잡을 독창성과 품질을 갖춰야만 했습니다. 시간이 흘러도 끊임없는 수정과 검토가 이어졌습니다. 나는 자신의 저작물을 믿고 지켜나가야 했지만, 때로는 자신감마저 흔들리고 희망이 꺼질 때도 있었습니다.

그렇게 나의 꿈은 도전과 역경을 헤쳐나갔습니다. 시간은 점점 지나갔고, 나는 굳게 마음을 먹었습니다. 해드림출판사와의 꿈을 이루기 위해 매 순간 최선을 다하겠다고 결심했습니다. 저작물의 완성도를 높이고, 내가 전하는 이야기의 진심을 더욱 깊게 담아내기 위해 노력했습니다. 지친 내게 동기부여가 되는 책과 인물들의 이야기를 통해 자신을 되돌아볼 수 있었습니다.

어느 날, 출판사의 문을 열고 들어선 나에게 행운이 찾아왔습니다. 해드림출판사의 편집자는 내 저작물에 대한 상당한 평가를 내놓았습니다. 그들은 나의 이야기를 인정하고, 출간 계획을 세운다고 말했습니다. 그 순간, 나의 가슴은 뜨거움으로 가득 찼습니다. 내 꿈은 이루어질 것이며, 세상에 나의 존재를 알리는 찬란한 순간이 다가온 것입니다.

해드림출판사와의 꿈, 책 출간의 욕망은 나에게 더 큰 의미를 갖게 되었습니다. 그것은 단순히 책을 내고 팔기 위한 욕망이 아니었습니다. 그것은 나의 이야기와 감정을 나누고, 많은 사람에게 영감을 전하는 것이었습니다. 꿈을 향한 도전은 어렵고 가끔은 좌절감을 안겨주기도 하지만, 그 안에는 끈질기고 힘찬 의지가 숨어있습니다. 해드림출판사와의 꿈은 그저 출판사와의 만남에 그친 것이 아니었습니다. 그것은 나의 인생의 한 장을 채울 뜻깊은 여정이었습니다.

이제 나는 출간을 앞두고 더욱 뜨거운 열정으로 나아갑니다. 해드림출판사와의 꿈은 그저 시작에 불과합니다. 나는 끝까지 꿈을 향해 걸어갈 것입니다. 그리고 어느 날, 내 책이 세상의 사람들에게 소중한 선물이 되는 그 순간을 맞이할 것입니다.

비상하는 새처럼 날아갈 수 있어요

해드림출판사와 함께라면 내 글이 비상하는 새처럼 날아갈 수 있습니다. 그들은 마치 창작자의 손길을 받은 저작물을 자랑스럽게 하늘로 떠오르게 하는 행운의 날개인 것처럼 보입니다. 한 마디로, 그들은 글의 무게를 가볍게 만들어주는 비밀의 주문 같은 존재입니다.

출판사는 마치 글의 암호를 해독하는 마법사와도 같습니다. 저자의 마음속에 녹아있던 단어들을 펼쳐보며, 그 속에 담긴 아이디어와 감정을 이해하려고 노력합니다. 그리고 그들만의 마법사처럼, 흑과 백 사이를 오가며 글을 완성시키는 비법을 알고 있는 듯합니다. 저자의 의도를 읽고 그것을 최상의 형태로 만들어내는 출판사의 손길은 마치 글의 악보를 읽고 그 소리를 하늘로 전하는 천사와도 같습니다.

저작물이 출판사의 문턱을 넘어 날개를 펴기 시작하면, 그는 마치 태어날 새처럼 기쁨과 설렘으로 가득한 모습입니다. 불안과 기대가 얽혀 있는 그 순간, 저자는 마치 작은 새끼 새처럼 어딘가 위험처럼 느껴지는 여정을 떠나게 됩니다. 그러나 그 새는 출판사의 도움으로 더는 어두운 공간에 갇히지 않고 자유롭게 날아다닐 수 있게 됩니다. 출판사는 마치 그 새의 날개를 강하게 키워주는 부모 새와 같은 역할을 하지 싶습니다. 그들은 저자의 저작물을 가슴에 품고, 세상에 펼쳐지는 것을 도와줍니다.

마침내 저작물은 자유로운 날개를 가지고 사람들 사이를 오갈 수 있게 됩니다. 이 작은 새처럼, 글은 사람들의 마음에 녹아들고 생각과 감정을 풀어내기 시작합니다. 그리고 이는 출판사와의 협력으로 가능해진 것입니다. 저작물이 독자들에게 도달하고 그들의 이야기와 만날 때, 그들은 마치 저자의 마음과 연결된 것처럼 느껴집니다. 그리고 출판사와 저자의 협력은 이 마법을 일으키는 열쇠였던 것입니다.

저작물이 날개를 펼치고 날아가는 그 순간부터, 출판사와 저자의 이야기는 사라지지 않습니다. 이들은 함께한 여정을 기억하며, 새로운 저작물의 탄생을 위해 또 다른 협력을 이어나갈 것입니다. 마치 우리가 어릴 적의 추억을 간직하듯, 그들은 서로를 잊지 않고 함께한 시간을 소중히 여기고 있을 것입니다.

해드림출판사와 함께라면 내 글은 비상하는 새처럼 날아갈 수 있습니다. 그들은 마법사와 천사, 부모 새와 같은 역할을 하면서 저자의 저작물을 세상으로 향하게 합니다. 이들과 함께한 저자의 글은 마치 작은 선물과 같아서 사람들의 마음에 언제나 남을 것입니다. 그리고 출판사와 저자의 협력은 새로운 저작물을 탄생시킬 뿐만 아니라, 그들 자신의 성장과 발전을 끌어낼 것입니다.

문학적 꿈의 문을 여는 열쇠

나는 나의 문학적 꿈을 키우는 작은 씨앗으로서 해드림출판사를 발견하게 되었습니다. 그 출판사는 마치 빛나는 열쇠 같았습니다. 그 열쇠는 내면의 문을 열어주고, 나의 이야기를 세상과 만나게 해주었습니다. 해드림출판사는 나에게 끊임없는 영감과 성장의 기회를 선사하며, 나의 소망을 현실로 만들어주는 출발점이 되었습니다.

나의 문학적 꿈은 마치 푸른 언덕 위의 아름다운 정원과 같습니다. 그 정원은 어릴 적의 상상력과 꿈을 담고 있으며, 내가 마음속에서 키워온 이야기들이 그곳에서 꽃을 피우고 있습니다. 하지만 그 꽃들은 그저 나 혼자만을 위한 것이 아닙니다. 나는 해드림출판사와 함께 그 꽃들을 세상에 전하고자 합니다.

해드림출판사는 나에게 많은 도전과 기회를 제공합니다. 그들은 내 저작물에 대한 지식과 진심을 가지고, 마치 나의 작은 싹을 향해 따뜻한 햇빛을 비추어줍니다. 그들은 내가 더 나은 저자로 성장할 수 있도록 지원하고 격려해 줍니다. 그들은 나의 문학적인 꿈을 현실로 만들기 위해 동반자가 되어 줍니다.

해드림출판사는 단지 출판사일 뿐만 아니라, 나에게 문학적인 성장을 위한 귀중한 멘토이기도 합니다. 그들은 나의 글을 간결하게 다듬고, 아이디어를 발전시키는 데 도움을 줍니다. 그들은 내가 표현하고자 하는 감정과 생각을 더욱 섬세하게 전달할 수 있도록 도와줍니다. 그들의 지도와 조언은 마치 나에게 작은 지도와 나침반을 건네는 듯합니다. 그 덕분에 나는 더 깊이 있는 문학적인 저작물을 만들어갈 수 있습니다.

해드림출판사는 나의 문학적 꿈을 위한 환상적인 문을 여는 열쇠입니다. 그들은 나의 이야기를 책으로 만들어 세상에 펼쳐지게 하고, 독자들과의 만남을 통해 나의 저작물이 더 넓은 영향을 미칠 수 있도록 돕습니다. 해드림출판사와 함께 나는 내 소망을 실현하는 동시에, 다른 이들에게 영감과 희망을 전할 수 있습니다. 그들은 나의 동반자로서 나와 함께 성장하며, 더 멋진 이야기를 만들어갈 수 있게 해줍니다. 나의 문학적 꿈은 해드림출판사와 협력함으로써 더욱 환해지고, 나아가 현실이 됩니다. 이제 나는 그들과 함께 쓰여질 이 삶의 역사를 통해 그들에게 깊은 감사의 마음을 전하고자 합니다.

창조의 기쁨과 북 메이킹의 예술

인간 존재의 광대한 태피스트리에는 상상력과 장인 정신이 얽히는 영역, 즉 꿈이 구체화되고 이야기에 생명이 부여되는 영역이 있습니다. 이 영역은 현실의 한계를 초월하는 단어와 아이디어의 복잡한 춤인 책 출간의 예술입니다. 이 기술을 추구하면서 편집자는 꿈을 유형의 보물로 만드는 것과 유사한 여정을 시작합니다. 해드림출판사는 힘든 꿈과 불굴의 헌신으로 융합이 교향곡처럼 펼쳐지는 창조의 기쁨으로 가는 관문으로서, 북 메이킹의 심오한 은유를 탐구합니다.

우리 마음의 광대한 영역 안에 꿈은 가능성의 씨앗으로 존재합니다. 그들은 창조주의 손길의 부드러운 손길을 기다리며 우리 상상의 비옥한 토양에서 싹을 틔웁니다. 마스터 조각가처럼 해드림출판사는 이러한 꿈에 생명을 불어넣고 의도와 목적으로 꿈을 만듭니다. 해드림출판사인 북메이커가

매혹적인 내러티브를 짜는 동안 모든 페이지는 캔버스가 되고 모든 문장은 붓이 됩니다. 이러한 과정을 통해 꿈의 세계와 현실의 세계가 서로 맞물리며 완전히 새롭고 경이로운 것을 탄생시킵니다.

그러나 북 메이킹 기술에 도전이 없는 것은 아닙니다. 흔들리지 않는 헌신과 탄력성을 요구하는 어려운 꿈은 make의 핵심입니다. 완고한 대리석 블록에 대한 끌처럼 해드림출판사는 꿈을 다듬는 벅찬 작업에 직면해 있습니다. 이 과정에는 헌신, 인내, 창조의 힘에 대한 확고한 믿음이 필요합니다. 잠 못 이루는 밤과 무수한 수정을 통해 해드림출판사는 출간의 기술을 연마하고 어려운 꿈을 절묘한 것으로 바꾸기 위해 노력합니다.

북메이킹을 추구하면서 해드림출판사는 건축가이자 모험가가 됩니다. 책들은 시간과 공간의 경계를 초월한 세계를 구축하고, 캐릭터는 살아나고 감정은 페이지에 영원히 남습니다. 줄거리의 모든 우여곡절, 모든 대사는 독자가 자신만의 상상 여행을 시작하는 통로가 됩니다. 창조의 기쁨은 글을 쓰는 행위뿐만 아니라 이러한 힘든 꿈이 다른 사람들의 마음과 생각을 감동시킬 수 있는 잠재력을 가지고 있다는 지식에도 있습니다.

해드림출판사인 북메이커는 오케스트라를 이끄는 지휘자와 마찬가지로 자신이 만든 교향곡을 조율합니다. 단어와 아이디어를 조화롭게 통합하고 리듬과 어조의 균형을 맞춰 매끄러운 읽기 경험을 제공합니다. 작곡가가 멜로디와 하모니를 혼합하듯이 북메이커는 서로 다른 내러티브 스레드를 함께 짜서 작업의 더 큰 태피스트리에 기여합니다. 이 섬세한 상호작용을 통해 해드림출판사는 독자를 몰입시켜 그들이 불가능하다고 생각했던 세계로 이동할 수 있게 합니다.

북메이킹의 영역에서는 북메이커의 힘든 꿈과 변함없는 헌신으로 키운 꽃처럼 피어나는 창작의 기쁨이 펼쳐집니다. 그들의 기술을 통해 꿈은 유형의 현실로 바뀌고 독자의 공감을 불러일으키는 이야기에 생명을 불어넣습니다. 책을 만드는 기술은 인간의 무한한 상상력과 지속적인 창의성 정신에 대한 증거입니다. 그것은 창조의 기쁨을 받아들이고, 우리 안에 있는 꿈을 펼치고, 시간의 시험을 견뎌낼 이야기를 짜는 초대입니다.

아침 햇살을 담은 세상의 꿈

아침이 밝아와 창문 너머로 따사로운 햇살이 미소짓습니다. 이 작은 세상은 깨어나고 새로운 시작을 알립니다. 해들임의 시작입니다. 아침 햇살은 우리에게 끊임없는 희망과 기회를 선사하는데, 이는 그저 자연의 현상이 아닌, 우리 내면의 세계를 반영한 은유적인 존재입니다.

해들임의 아침 햇살은 희망과 감동의 메시지를 전달합니다. 그 기운은 우리의 마음을 활기차게 하고 풍요로운 가능성을 떠올리게 합니다. 그 속에는 어제의 괴로움과 슬픔이 사라지고, 새로운 일상이 우리를 기다리는 힘이 있습니다. 아침 햇살은 우리에게 자유롭고 행복한 삶을 상기시키며, 어둠과 의심으로 가득한 세상에서도 희망의 빛을 계속해서 비춰줍니다. 이것이 해들임의 꿈입니다.

세상의 꿈은 햇살 속에 담겨있습니다. 우리는 아침 햇살을 통해 삶의 미덕과 아름다움을 발견할 수 있습니다. 햇살은 우리에게 용기와 자신감을 심어줍니다. 그 빛은 모든 어려움을 이겨낼 힘을 우리에게 줍니다. 아침 햇살은 달성할 수 있는 꿈과 목표를 상기시켜주며, 무한한 가능성을 믿게 만듭니다. 그 햇살 속에서 우리는 자연스럽게 자신의 역량을 발휘하고 성장할 수 있습니다.

하지만 아침 햇살은 우리에게 영원히 주어지지 않습니다. 그 빛은 사라지고, 날이 저물면 어둠이 다가옵니다. 그러나 해드림출판사는 아침 햇살을 담은 세상의 꿈을 잊지 않습니다. 해드림출판사는 어떤 어려움과 역경이 닥쳐도 희망을 잃지 않습니다. 아침 햇살은 우리에게 새로운 출발을 상기시키고, 우리의 내면에 잠재한 능력과 가능성을 일깨워 줍니다. 그렇기에 우리는 아침 햇살을 소중히 여기고 감사합니다. 우리는 그 빛을 받아들여 삶의 의미와 목적을 발견할 수 있습니다. 해드림출판사는 아침 햇살을 담은 세상의 꿈을 향해 달려갑니다. 그 꿈은 우리의 미래를 밝히고, 성공과 만족을 안겨줄 것입니다.

해드림출판사는 날마다 햇살로 뒤덮힌 세상의 꿈을 향해

나아갑니다. 우리는 희망의 빛을 따라서 모든 어려움을 이겨낼 수 있을 것입니다. 아침 햇살은 우리에게 끊임없는 기회와 변화를 약속합니다. 그 은유적인 세계 속에서 우리는 자유롭고 풍요로운 삶을 얻게 될 것입니다.

아침 햇살을 담은 세상의 꿈은 우리가 그저 공상에 머무르는 것이 아닙니다. 그 꿈은 우리가 실현할 수 있는 현실입니다. 우리는 자신의 내면에서 비롯된 햇살과 함께 이 세상을 빛나게 만들 수 있습니다. 그리고 그 빛을 통해 우리는 모든 이들에게 희망과 사랑을 전할 수 있을 것입니다.

아침 햇살을 담은 세상의 꿈은 우리의 손안에 있습니다. 우리는 그 꿈을 향해 조금씩 나아가고 있습니다. 우리 내면에서 우러나오는 빛을 믿고, 힘을 내어 앞으로 나아가면 우리의 꿈은 반드시 이뤄질 것입니다.

'아침 햇살을 담은 세상의 꿈'은 우리에게 빛과 희망을 선사하는 은유입니다. 이 은유 속에서 우리는 끊임없이 성장하고 변화하는 삶의 가능성을 발견할 수 있습니다. 아침 햇살은 우리의 마음을 따뜻하게 하고 우리의 꿈을 향해 달려갈 용기를 줍니다. 그 선물을 소중히 여기고 우리의 삶을 아름답게 만들어가는 여정을 계속해 나가야 합니다.

해꿈의 빛

별들이 하늘에 밝은 무늬를 그리듯, 해드림출판사는 우리 인생의 장에 색을 더해왔습니다. 그것은 해꿈의 빛, 역동적이면서도 상상력이 풍부한 심장의 박동입니다. 이것이 바로, 이 땅에서 가장 미래를 꿈꾸는 출판사의 이야기입니다.

해드림출판사는 단지 책을 만드는 공장이 아닙니다. 그들은 태양이 우리 세상을 비추듯, 어둠 속의 생각들을 해방시키는 빛입니다. 그들의 페이지는 새벽 이슬로 충분히 촉촉히 젖어있습니다. 이것은 단지 잉크와 종이의 결합이 아니라, 꿈과 현실이 만나는 교차점입니다. 해드림출판사는 글쓰기의 세계에 해를 뜨게 하는 우리의 내면의 태양입니다.

그들의 책들은 인간 정신의 거울입니다. 우리의 꿈과 열망, 고뇌와 기쁨을 반영하면서, 우리의 무한한 가능성을 탐구합니다. 그들은 별빛 아래서 우리의 꿈을 지키는 가디언이며, 이야기의 맥락을 풍부하게 만드는 색채의 마술사입니다. 그들은 글씨로 그린 별들이 우리의 생각을 빛나게 하고, 사람들이 책의 감동에 깊이 빠져들도록 합니다.

하지만 이러한 놀라운 업적들을 이루는 동안, 해드림출판사는 그들의 근원적인 가치를 결코 잊지 않았습니다. 그들은 항상 그들이 해야 할 일, 바로 책의 힘으로 세상을 더 밝게 만드는 것을 기억하고 있었습니다. 그들은 세상에 있는 모든 사람에게, 그들의 삶에 빛을 더할 수 있는 능력이 있다는 것을 상기시켰습니다.

해드림출판사의 이야기는 해꿈의 빛, 바로 우리 모두의 이야기입니다. 그들은 우리에게 꿈을 꿀 수 있는 힘을 줍니다. 그리고 그 꿈은 책을 통해 우리의 눈앞에 펼쳐집니다. 그들은 어둠 속에 숨어 있는 별빛을 찾아내어, 그것을 우리에게 보여주는 방법을 알려줍니다. 이것이 바로 해드림출판사의 마법입니다.

결국, 해드림출판사의 이야기는 책이 우리 삶에 얼마나 중요한 역할을 하는지를 보여줍니다. 그들은 우리에게 꿈을 꿀 수 있는 힘을 줍니다. 그들은 별빛 아래에서 우리의 꿈을 지키는 가디언입니다. 그들은 우리의 삶에 빛을 더하는 해꿈의 빛입니다. 이것이 바로 해드림출판사, 해꿈의 빛의 이야기입니다.

해꿈, 해들임, 장인정신

햇빛이 유난히 찬란한 어느 날, 나는 해드림출판사의 문 앞에 섰습니다. 그 문은 나에게 꿈의 세계로 들어가는 열쇠였습니다. 해드림출판사는 그 이름만으로도 신비롭고 은유적인 분위기를 자아냈습니다. '해꿈', '해를 안으로 들인다는 해들임', '장인정신인 make' 이라는 세 가지 의미가 서린 출판사였습니다. 나는 이곳에서 풍부한 상상력과 열정이 꽃 피울 수 있는 공간을 찾았습니다.

이 출판사의 의미 가운데 하나인 '해꿈'은 해가 상징하는 빛과 희망을 담고 있습니다. 마치 해의 따뜻한 햇살이 내 안으로 스며들어 오면서 꿈의 씨앗을 품고 피어날 것만 같습니다. 출판사는 나에게 창의력과 상상력의 광활한 바다를 펼쳐주었습니다. 여기서 나는 자유롭게 자신의 생각과 이야기를 표현할 수 있습니다. 꿈의 출판사에서 나는 해가 비추는 길을 따라 나아가며, 나만의 독특한 글쓰기 스타일을 발견할 수 있을 것입니다.

'해를 안으로 들인다는 해들임'이라는 의미는 출판사의 목표와 철학을 나타냅니다. 이 출판사는 단순히 외부의 성과나 인기에 주목하지 않습니다. 대신 내면의 가치와 자아실현을 중시합니다. 여기서의 해는 내가 가진 잠재력과 역량을 의미합니다. 해들임은 해를 소중히 여기고 내면으로 삼키는 행위를 의미합니다. 출판사는 나에게 내면의 성장과 발전을 위한 공간을 제공하며, 나를 향한 성장의 문을 열어줍니다. 이곳에서는 단순히 글을 쓰는 것에 그치지 않고, 나 자신을 발전시키며 꿈을 이루어 나갈 수 있습니다.

또한 이 출판사는 '장인정신인 make'이라는 철학을 간직하고 있습니다. 장인정신은 평범한 일상에서도 최선을 다하며 끊임없이 성장하는 자세를 말합니다. 출판사는 단순한 작문을 넘어서, 저자로서의 실력 향상과 전문성을 추구하도록 독려합니다. 나는 이곳에서 주어진 작업을 성실히 수행하면서 내가 가진 잠재력을 최대한 발휘할 수 있습니다. 작문의 과정에서 꾸준히 발전하고 성장함으로써 나는 나만의 예술적인 장인으로 거듭날 수 있을 것입니다.

이렇듯 해드림출판사는 꿈을 실현하고자 하는 저자들에게 귀중한 기회를 제공합니다. 이 출판사는 나의 창의력과 상상력을 자유롭게 펼칠 수 있는 곳이며, 내면의 성장과 발전을 위한 토대를 마련합니다. 나는 이 출판사에서 나의 꿈을 현실로 이뤄낼 수 있습니다. 해의 따뜻한 빛 아래서 나의 글이 빛나기를 바라며, 출판사의 문을 열고 내 꿈의 여정을 시작합니다. 이곳에서 나는 해를 안고, 장인정신으로 나만의 저작물을 만들어낼 것입니다.